OHSAMA BUNKO

「見るだけ」で楽しい!「ビジュアル雑学」の本

博学面白倶楽部

三笠書房

はじめに

「何気ない日常こそ、不思議でいっぱい！」……ワクワクとドキドキを手に入れる本

食品にはじまり、日用品、生活雑貨、交通機関の標識まで、私たちは、毎日たくさんのモノと風景に囲まれて生活している。普段見過ごしている当たり前の光景も、よくよく見ると、不思議なことだらけだ。

たとえば、あなたは今日、どんなものを目にしてきただろうか？

コーヒーやお茶を飲むためにいつも使っている電気ポット。お湯さえ沸けばいいものなのに、なぜ「設定温度」なんて表示があるのだろうか？

いつも乗る電車の吊り革を見て、その形の変化に気づいているだろうか？

飲み物の自動販売機、コインはどんな向きで入れただろう。

電柱に巻きついている灰色のイボイボシートにどんな役割があるのだろう?

入口に「警察官立寄所」の垂れ幕がある商店や施設で、おまわりさんが来たのを見たことがあるだろうか?

「無料ロッカー」なのに、なぜ100円玉を入れなければならないのか?

ほかにも、わさびのパッケージに書かれている「本わさび使用」と「本わさび入り」の違い、スーパーのたまご製品売り場にある「卵」と「玉子」の違いなど、見慣れてはいるが、表記が異なる理由を聞かれて、答えにつまる謎はたくさんある。


もちろん、これらについて知らなくても困ることはないが、一度気がついたら気になって仕方がなくなる、そんなネタを本書では85個厳選した。

しかも、実物や現場を押さえた証拠写真をあわせて載せている。

だから、写真を見るだけでも、「何だこれ⁉」という新鮮な驚きとともに、思わずその理由に「へえ〜!」と感心してしまうこと請け合いだ。

パラパラとページをめくって写真を見たら最後、理由を知りたくてどうしようもなくなる謎の数々を堪能《たんのう》してほしい。

きっと自分の目で実物や現場を確かめてみたくなる……。そんなワクワクの世界が待っている。

博学面白倶楽部

もくじ

はじめに
「何気ない日常こそ、不思議でいっぱい！」
……ワクワクとドキドキを手に入れる本　3

1章 どう使うの!?「刃が逆向き」のカッターナイフ

――当たり前にあるモノなのに……言われてみると不思議な18項

つまようじの形には「モデル」がいた　18
あなたがつかまっている「**吊り革**」の謎　20
この**トイレ**、どこが違うかわかりますか？　24

食べ比べてびっくり！　東西の「**日清どん兵衛**」 26
自動販売機の**コイン投入口**に、縦型と横型がある謎 28
ストロー1本に刻まれた溝のすごい役割 32
炭酸飲料を開けるときの「シュッ！」はどこから？ 34
いつ来るのかわからない「**不親切なエレベーター**」 38
スーパーで売られている**シメジ**、実は……？ 40
鉄塔の横にある「バネ」みたいなものは、ナニ？ 42
刃が逆向きの**カッターナイフ**、どう使う？ 44
「**線香**の長さ」って決まっているの？ 46
「お湯を沸騰させない」**電気ポット**ってどうなのか 48
新聞紙の端は、どうしてギザギザなの？ 50
定期券の期間が1か月、3か月、6か月である理由 52
コンセントの穴の「左右」、使い分けていましたか？ 54
座布団の「前と後ろ」、あなたは見分けられますか？ 56
ビール缶がビミョーに凹んでいる理由 58

2章

「全面禁煙」の飛行機なのに、なぜトイレに灰皿が？

――気づいているのはあなただけ!? 知って驚き17項

スコッチとバーボンを、飲まずに見分けられるツウな方法　64

トランプのエースはなぜ「ひときわゴージャス」なのか？　66

瓶の王冠のギザギザ、数えてみると……？　68

キリンビールの**ラベル**に「キ」「リ」「ン」発見！　70

百人一首の**小野小町**が振り向いてくれないワケ　72

「**捨印**」は、なぜ押さなければならないのか　74

100円ライターが「2つの部屋」で仕切られているワケ　76

昔の人は、**ワイシャツ**を「パンツ」代わりにしていた!?　78

電話と電卓で数字の並び方はなぜ違う？　80

全面禁煙の**飛行機**に〝あってはならないモノ〟が！　82
スーツの襟にある**ボタン穴**、いったい何に使うもの？　84
「中途半端やなあ〜！」ビールの大瓶のヘンな**容量**！　88
「**赤バイ**」「**青バイ**」「**黒バイ**」……実在するのは、どれ？　90
リアルＵＳＪ⁉　大阪にはビルに突っ込む**高速道路**がある！　92
メジャーリーグで見かける「**ＫＫＫ**」のボードって、何のこと？　94
実印や**銀行印**は、わざと上下を判断しづらくしていた！　96
買ったワインの瓶が**上げ底**になっていてガッカリ？　98

3章

要注意！　ここで降りてはいけない？「外に出られない」駅！

――ガイドブックにもネットにも載っていない！　街も旅も楽しくなる18項

「日本一熱いメッセージ」のこもった**看板**　104

「麹町」駅と「麴町」駅、**正しい表記**はどっち？　106

いま走っているのは**国道何号**？　108

ギネス認定の「世界でもっとも短い**エスカレーター**」は何段？　110

インドネシアとモナコの気まずい「丸かぶり」とは？　112

群馬県にある**土合駅**は、何が「ニッポン1」なのか？　114

「日本橋」を見に行ったら、書かれていたのは「**にほんはし**」　118

「コンビニに入ったら**駅**だった」（長良川鉄道）　120

魚が乗っている!?　謎の**近鉄列車**の正体　124

地元民以外読めない!?　**阪急梅田駅**の切符の「謎の文字」　126
「**水陸両用車**」でなければ走れない国道?　128
どうやって投函する?　海面下10メートルにある**ポスト**　130
こんなにある**25セント硬貨**、どれが本物か　132
恐怖!?「降りても**ホームから外に出られない**駅」!　134
地下鉄なのに、なぜか**踏切**が……　136
鉄道のレールは2本だと思い込んでいる人へ　140
駅の**ホームの番号**を数えてみると……?　142
「**厚木駅**」なのに厚木市にない!?　144

4章

タテジマの「カツオ」が、興奮するとヨコジマに!?

——見ているようで見ていなかった! 実はスゴイ14項

タテジマの**カツオ**がヨコジマに変身? 150
日本の**蚊取り線香**のなかで、「金鳥」だけが左巻き! 152
硬式テニスボールが「ケース入り」で売られているワケ 154
ボクシングの**サンドバッグ**に「砂」は入っているか 156
F1レーシングカーの**タイヤ**は、なぜ「ツルッツル」? 158
「**碁石**」の白と黒を見比べたことがありますか 160
コックさんの制服には工夫がいっぱい 162
「**無料ロッカー**」なのに、なぜ100円玉を入れねばならんのか!! 164
電柱に巻かれているグレーのイボイボシートは何のため? 166

AMラジオの周波数が必ず「**9の倍数**」なのはなぜ？　168
あなたが出した**郵便物**に知らないうちに書き加えられている暗号　170
銭湯の桶はなぜどこへ行っても「**ケロリン**」なのか？　172
名古屋城の本物の**シャチホコ**は茶釜になりましたとさ　174
タチウオは名前の通り、「立って泳ぐ」のか　176

5章 「本わさび使用」と「本わさび入り」、よりツーンとくるのはどっち？
――見比べてみると、ここまでハッキリ！　予想を超えてくる18項

あなたの腕時計はどっち？　時計の**文字盤**には2種類ある！　182
たまごは「卵」か、それとも「玉子」か!?　184
「**そば・うどん**」が正しいのか、「**うどん・そば**」が邪道なのか　186

最近見かける「**Made in P.R.C.**」ってどこのもの？　188
ＪＲは「**鉄道**」ではなかった！　190
「**宮内庁御用達**」の看板の謎　192
「**本わさび使用**」**と**「**本わさび入り**」の違いとは？　194
缶ビールは「３５０㎖」、缶コーヒーは「１８０ｇ」
……なぜ**グラム**表記なの？　196
「**日本国**」がつくっているのは紙幣？　硬貨？　198
トンボ鉛筆「Tombow」の「w」はどこから来た？　202
新聞の天気図が、夏と冬で「模様替え」をする理由　204
「**コーヒー牛乳**」「**いちご牛乳**」……いまはもう飲めない？　206
行き先表示のLEDは字が間違っている!?　208
同じ本なのによく見ると違う**バーコード**が２つも……　210
「**警察官立寄所**」の垂れ幕のあるお店に、警察官は本当に来るのか　212
ビルの屋上にある「Ｈ」はヘリポート、では「Ｒ」は？　214
皇室のお車は「何ナンバー」？　216

あなたはこれでも**スカイツリーと五重塔**の「見分け」がつきますか？　218

Column

1円玉の表に描かれている植物は、この世には存在しない!?　23
お坊さんが叩く木魚にこめられた、思わず笑ってしまう意味　31
ダーツの的は、なぜ「同心円」なのか？　37
刑事《デカ》という呼び名の語源は「悪口」だった!?　60
野球のベースのなかで、本塁だけが五角形である理由　87
引越し業界では「茶色の段ボール」は使わない？　100
長野県の「八十二銀行」の意外すぎる命名エピソード　117
重量単位の「トン」って、そもそもどういう意味？　123
昔は白かったバレーボールの球がカラフルになった理由って？　139
東京都荒川区に荒川は「流れている？　いない？」　147
どんちゃん騒ぎの「どんちゃん」ってどんな音？　178
童謡『ちょうちょ』は、本当は「ちょうちょ」の歌ではない？　201
スーパーのチラシは、なぜ黄色い紙が多いの？　221

1章

どう使うの!?「刃が逆向き」のカッターナイフ

――当たり前にあるモノなのに……言われてみると不思議な18項

つまようじの形には「モデル」がいた

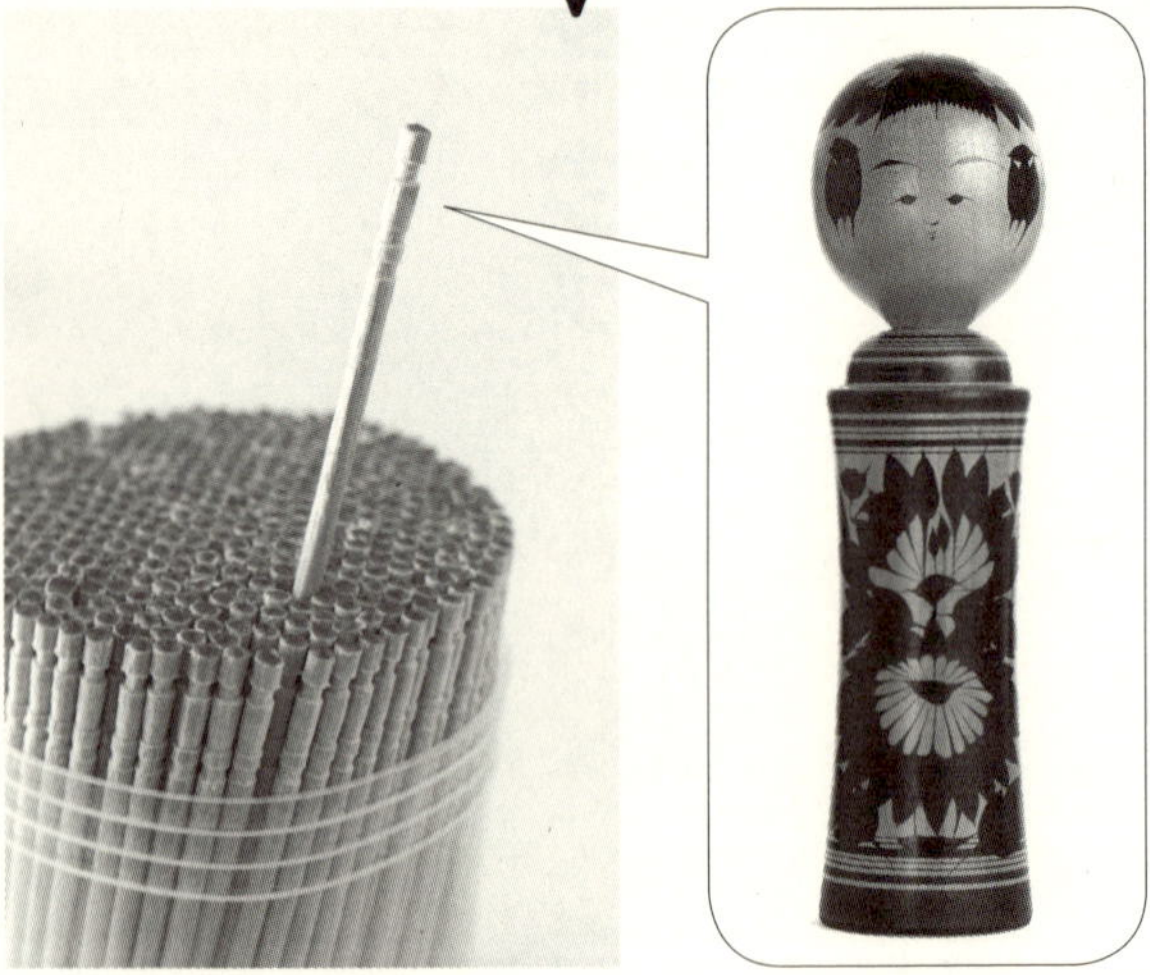

欧米と違い、日本の食卓にはつまようじがある。食事を終えたあとに必ず使ってしまうという人もいるだろう。

つまようじの柄《え》を見ると、3か所の溝が彫《ほ》られている。じつはこの溝、何か特別な役割があるのかと思いきや、ただの装飾。しかも、あの〝こけし〟を表現している。

つまようじの柄にこけしが彫られているのはなぜか。それは製造方法と関係がある。つまようじの長さは6センチメートルである。つくり方は、両端を尖《とが》らせた12センチメートルの棒の真ん中をノコギリで切断するという方法をとっている。

このとき、切断面がノコギリの摩擦《まさつ》でどうしても黒ずんでしまう。このままの状態でも、つまようじとしては使えるが、白っぽい材質であるため、お尻の黒ずみが目立ってどうにも格好がつかない。そこで黒ずみを消すのではなく、ほかの装飾で目立たなくするという発想に至り、こけしをかたどったというわけである。こけしになったのは、日本の伝統的な木工細工であるという理由からだ。

現在、つまようじメーカーは国内にほとんどなく、中国など海外メーカーから輸入している。しかし、日本向けにつくられているため、こけしが知られていない海外においても、こけしをかたどったつまようじがつくられている。

あなたが つかまっている 「吊り革」の謎

通勤・通学で毎日のように利用している電車。

鉄道ファンなら、車両や設備などを注意深く見ているかもしれないが、吊り革の形まで気にしている人は少ないだろう。

吊り革をよく見てみると、鉄道会社ごとに取っ手の形が丸いもの（○型）と三角の形をしたもの（△型）があることに気づく。

この形の違いに、何か意味はあるのだろうか。

△型は、底辺部分が水平になっているため、4本の指に均等に力がかかって握りやすいというメリットがある。

握ったときに人差し指と小指が浮いてしまう○型に比べると、その差は一目瞭然だ。

JR東日本や東京メトロでは、昭和の後半から△型が主流となっている。しかし、△型は握りやすい反面、とっさにつかむのには向いていない。

その点、つかみ方の自由度が高く、急発進、急停車時など電車が揺れたときに、とっさにつかみやすい○型のほうに軍配が上がるだろう。

西武鉄道では○型が主流である。

このように○型と△型の利点には一長一短があり、どちらかがよいとはいえないと

ころだ。日本全体でいえば、西日本に○型が多く、東日本に△型が多い傾向にある。

ただ最近では、持ちやすさを追求した五角形や細長い二等辺三角形の吊り革も登場しており、バリエーションが増えている。

形以外にも、吊り革は高さや向きなど、さまざまな配慮がなされている。いつもと違う鉄道会社の列車に乗ったときにはぜひ、その違いに注目してみてほしい。

Column

1円玉の表に描かれている植物は、この世には存在しない!?

買い物や飲食などで、硬貨を使う機会は多いだろう。日本には1円玉から500円玉までがあるが、それぞれに植物がデザインされている。

500円玉には、表面（金額の数字が入っていない面）に桐《きり》、裏には竹と橘《たちばな》が描かれている。100円玉には桜、50円玉には菊がそれぞれ描かれている。これら硬貨の植物のなかで、とりわけ特殊なのが1円玉である。

財布のなかにある1円玉を取り出してみてほしい。この表面に描かれている植物は、「若木」と呼ばれているが、じつはこの世に実在しない。

1円玉が発行されたのは1955年のこと。このデザインは、一般からの公募によって決められた。現在流通している硬貨のうち、デザイン公募がなされたのは1円玉のみ。「若木」をデザインしたのは、京都府在住の方で、植物を限定せず「日本が大きく伸びるように」という意味合いが込められている。

このトイレ、
どこが違うか
わかりますか?

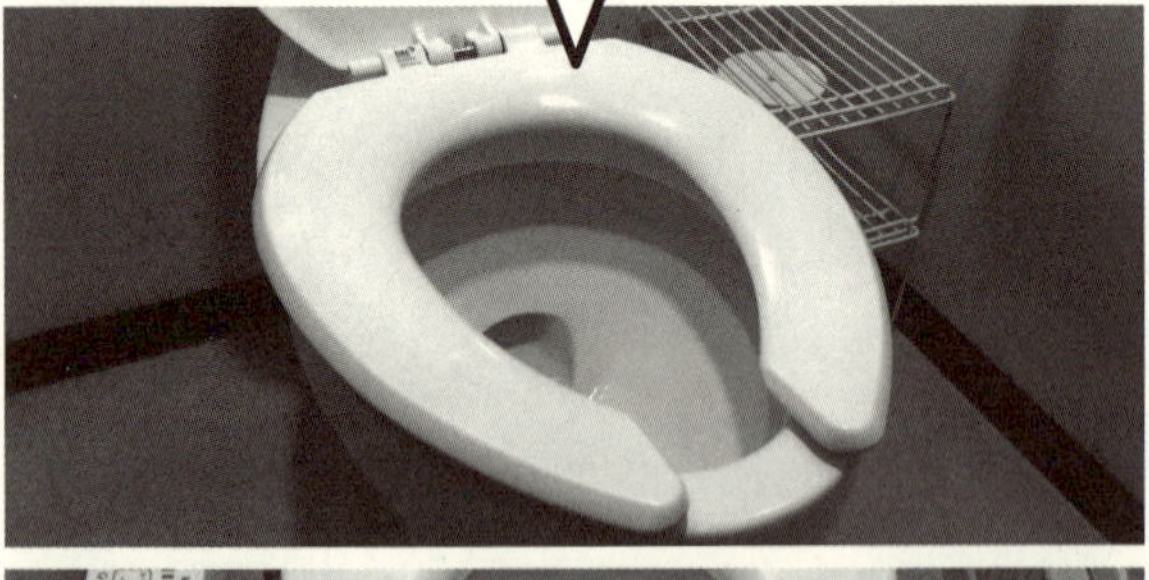

洋式トイレの便座には、切れ目のないO型（ドーナツ型）と、手前に切れ目のあるU型（馬蹄型《ばてい》）がある。便座が2種類あるのには、洋式トイレの歴史が関係している。最初にアメリカやイギリスでつくられたのはO型だった。もともと便座の目的は、座ったときに冷たくてヒヤッとするのを解消するためと、便器のフチの汚れを覆うことだった。その目的に適した形として、O型が登場した。

しかし、体格のいい男性がO型に座ると、便座の前の部分に性器が触れてしまうことがある。「不快だ」「病気がうつる心配はないのか」と苦情が出た。そこで、公共トイレ用に、その部分をカットしたU型が開発されたというわけだ。

やがて日本に洋式トイレが伝わってきた際、O型とU型、2種類の便座が入ってきた。だが、アメリカやイギリスと比べると日本人は体格が小さいため、O型でも問題がない人が多い。U型は便器の汚れを覆うといった便座本来の機能や暖房機能を充分に発揮できないこともあり、日本ではニーズが少なかった。さらに近年では海外でも需要が高まってきている温水洗浄便座は、水が便器の外にあふれることがないよう、すべてO型である。そういえば、最近、公共用トイレでもO型が主流になりつつあり、そのうちU型の便座は姿を消すかもしれない。

食べ比べてびっくり!
東西の「日清どん兵衛」

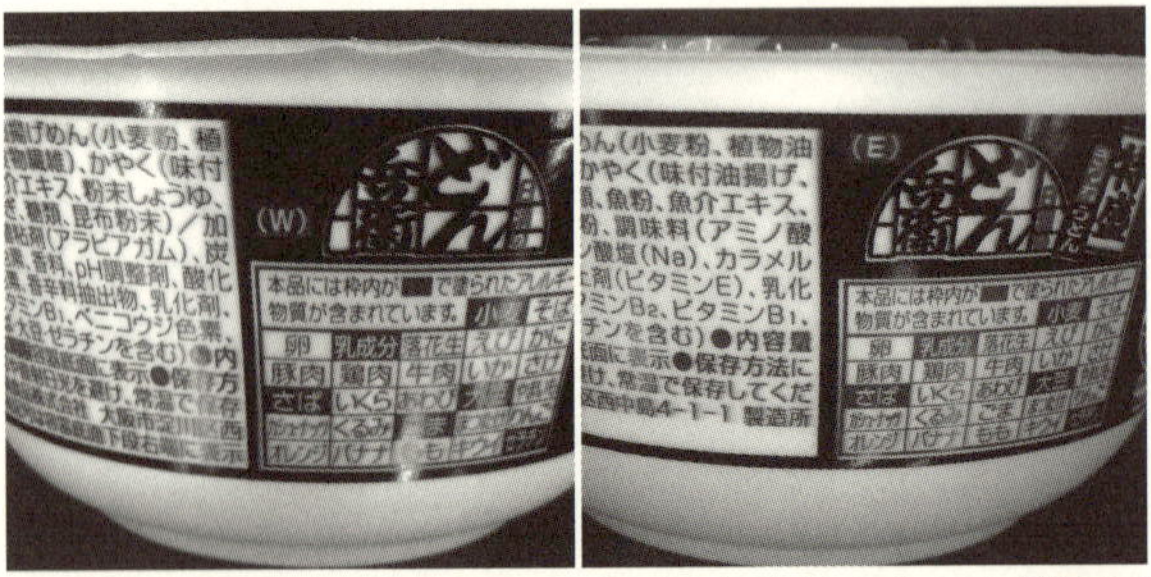

左の(W) の印字があるほうが、昆布だしのきいた関西風で、右の（E）の印字があるほうが、醤油ベースの関東風。

浮き沈みの激しいカップ麺市場において、不動の人気を誇るのが、1976年に発売された、日清食品のカップうどん「どん兵衛」だ。このどん兵衛、東日本と西日本で味が異なる。東日本のどん兵衛のつゆは、カツオだしの割合を高くした濃口《こいくち》醤油味である一方、西日本のどん兵衛は昆布だしの割合を高くした薄口《うすくち》醤油ベース。きつねうどんの場合は、お揚げの味も異なっている。

商品パッケージに（E）と書かれていれば東日本のどん兵衛で、（W）と書かれていれば西日本のどん兵衛である。東西で味が違っているのは、東日本と西日本でうどん・そばのつゆが異なるという食文化を反映しているためだ。

ではこのどん兵衛の味、いったいどこが境界線なのか。それは、岐阜県にある歴史の舞台の地、天下分け目の関ヶ原である。東軍と西軍が戦ったこの場所が境界とは、因縁めいたものを感じてしまう。日清食品の開発担当者は、どん兵衛をつくるにあたり、東京駅で東海道新幹線こだま号に乗り込んだ。彼は各駅で下車しながら、それぞれのうどんを試食。すると、関ヶ原を越えたところでうどんのつゆの味が変わったことに気づいた。そこで味の境界線を関ヶ原にしたのである。歴史の舞台の地だったからというわけではなく、東西の食文化がちょうど分かれる場所だったからなのだ。

自動販売機のコイン投入口に、縦型と横型がある謎

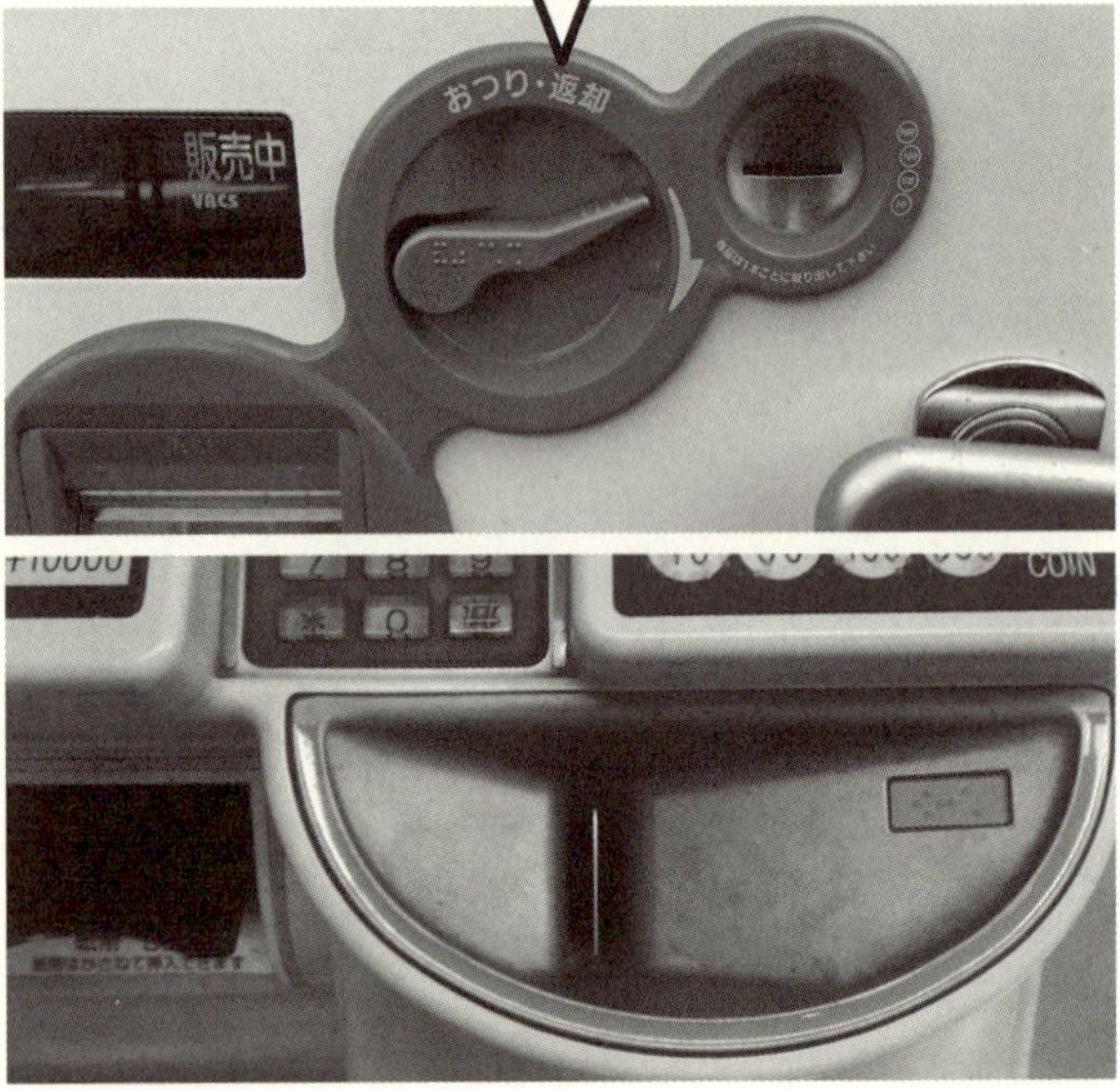

日本は世界でも稀《まれ》に見る自動販売機天国である。町中を歩けば頻繁に飲料水の自動販売機を見かけ、駅で切符を買う際も機械を操作するだけ。またラーメン屋や牛丼屋などで購入する食券機も、店員へ直接注文する手間を省くための自動販売機といえる。

これら自動販売機のコイン投入口には2つの種類がある。コインを縦に立てて入れる縦型、コインを横に寝かして入れる横型の2つだ。たとえば、切符売り場では縦型が、飲料水の自動販売機では横型が多い。

これらの違いが生まれたのは、機械の設置目的による。

縦型の自動販売機では、コインは投入口から立った状態のまま、内部をコロコロと素早く転がっていく。

一方で横型の自動販売機では、投入されたコインは寝かされた状態で内部の滑り台をスルスルと滑り落ちていくため、縦型よりもスピードが遅い。

駅は急いでいる人が多い場所である。もし切符売り場の自動販売機が横型だったら、コインが自動販売機内で転がらないため、識別まで時間がかかってしまう。

そのため、切符売り場では縦型の自動販売機になっているのである。

早いか遅いかでいえば、早いほうに越したことはないのだから、飲料水も縦型の自動販売機にすればよいのに、と思うだろう。

しかし縦型にはデメリットがある。

それはコインの識別機がスペースをとることだ。

飲料水の自動販売機は、内部に商品をストックしておかなければならない。また売り切れはそのまま売り上げの減少につながるため、なるべく多くの商品を置きたい。

そのためにはコインの識別機が占めるスペースをなるべく小さくしたい。こうした事情により、縦型ではなく横型になったのである。

ちなみに食券機の場合は、どちらかに統一されているわけでなく、その企業や店舗による。

Column

お坊さんが叩く木魚にこめられた、思わず笑ってしまう意味

葬式などの仏事、法要の際、僧侶の手元に注目したい。

お経をあげながら、ポクポクと木魚を叩《たた》いてリズムを刻んでいる。

木魚という名前の通り、木で彫られた魚の形をしているが、そもそもなぜ魚を叩くのだろうか。じつは魚には深い仏教的な意味合いはなく、むしろ僧侶たちの日頃の心がけという意味が隠されている。

座禅などの修行に明け暮れる僧侶だが、修行の最中に眠くなることがある。もちろん僧侶は修行中に寝てはいけない。

そこで、眠気をはらうために、眠らないといわれていた魚を模した仏具がつくられたのである。

たしかに魚にはまぶたがなく、常に目を開けて過ごしている。寝ているときも目を開けたままでいることから、昔は魚は眠らないと考えられていたのだ。

ストロー1本に刻まれた溝のすごい役割

紙パックの飲み物には、容器の側面にストローが張りついていることが多い。そのストローをよく見てみると、なぜか線状の溝があることに気づく。この溝にはいったいどんな働きがあるのだろう。

メーカーによれば、この溝のあるストローは「エチケットストロー」と呼ばれている。多くの女性から「紙パックの飲み物を飲むときに出てしまう音をなくしてほしい」という要望が出されたため、約20年前に日本ストロー株式会社で開発された。

普通のストローで紙パックに入っている飲み物を吸うと、吸った分だけ紙パックがへこみ、口を離した際にストローから空気が流れ込む。そのときに「ズズッ」という音が鳴ってしまう。女性なら周りの人にあまり聞かれたくないだろう。

この不快な音を少なくするため、エチケットストローの溝は、紙パックとストローの間に、空気を通す空間をつくっているのである。中身を吸った分、同時に溝から新しい空気が入ればパックはへこまない。すると口を離したときに入る空気が少なくなるので、音が抑えられるというわけだ。また、容器内が陰圧（外部より圧力が低い状態）にならないため、吸引力の弱い人も楽に吸うことができるというメリットもある。

小さな溝は大きな働きをしているのだ。

炭酸飲料を開けるときの「シュッ!」はどこから?

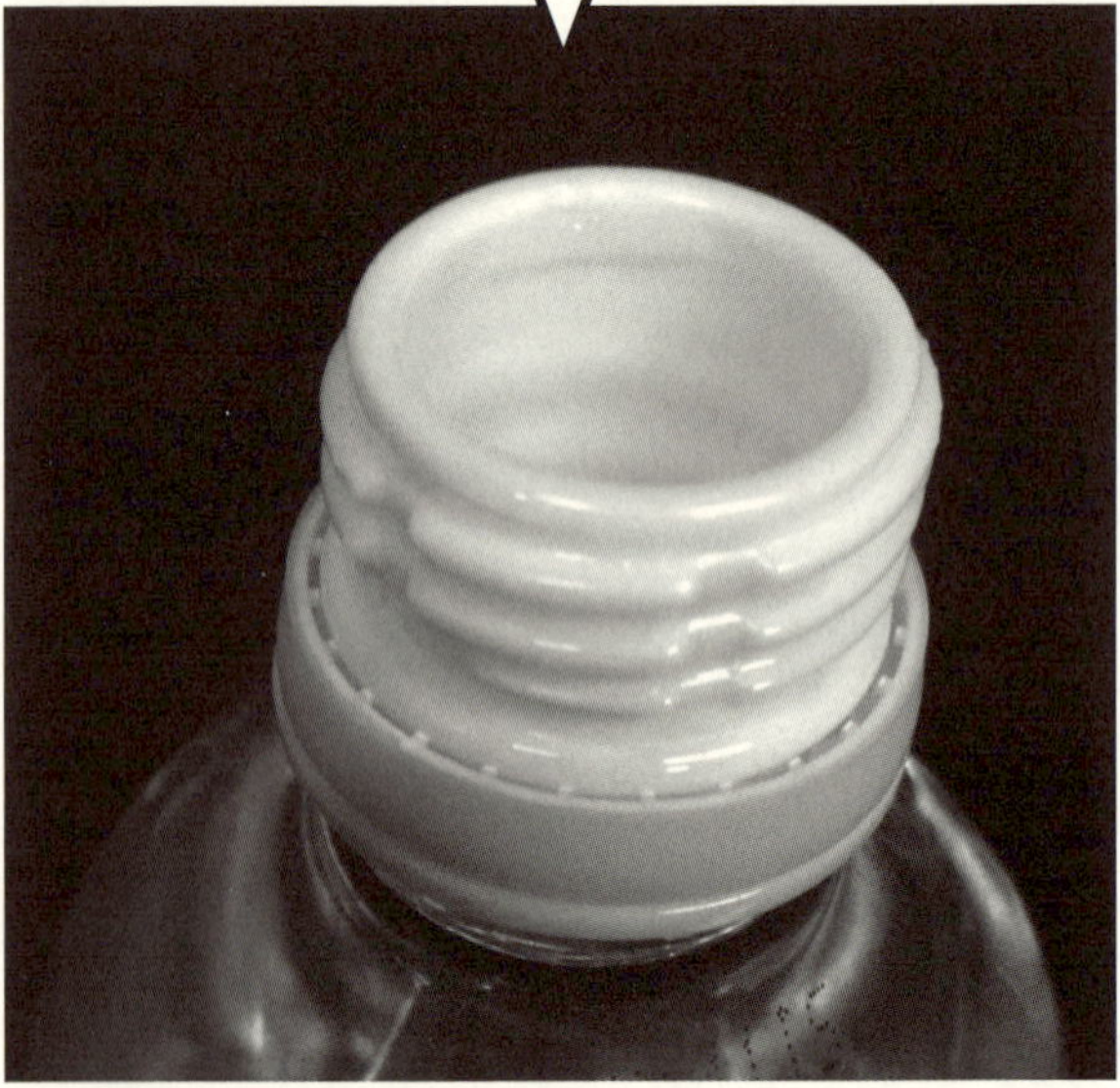

ペットボトルの飲み口に注目してもらいたい。

お茶や水、ジュースなどの飲料では、ただフタが閉まるよう螺旋状《らせんじょう》の筋が入っているだけだ。

しかし、コーラなどの炭酸飲料の飲み口は少し異なった形をしている。螺旋状の筋のほかに、縦に上下を貫通する別の溝が切られているのだ。

これは、炭酸飲料の圧力を考えてつくられた形である。

炭酸飲料が完全に密封されているときは、容器の内部の圧力が高まっている。その状態でフタを開けたら、ガスが勢いよく飛び出してフタが吹き飛ぶおそれがある。

それを防ぐため、フタを開けると同時にガスを逃がす仕組み、それが縦の溝が切られている理由だ。

飲み口のほかにも、全体が円筒状になっているのも炭酸飲料の特徴の1つ。

底面を丸くすることで、ペットボトルにかかる内部の圧力が均等になり、変形を防ぐことができる。

また底面の形も独特である。接地面に5つの半球状の突起《とっき》があるペタロイド（花弁）形状と呼ばれる形をしている。

四角柱型になっているお茶(右)に対し、炭酸飲料のペットボトル(左)は内部の圧力に耐えるため、丸い形をしている。

もしこの半球状の突起がなくて平たい接地面になっていれば、圧力で膨らんでペットボトルを立たせられない。

圧力を分散させつつ、立たせるためにこのような形をしている。

日常生活で頻繁に使うペットボトルだが、その形1つをとっても、メーカーの工夫が隠されているのである。

Column

ダーツの的は、なぜ「同心円」なのか?

バーやパブなどへ行くと、ダーツボードが置かれていることがある。同心円状に的が区切られ、当たる場所によって得点が変わる仕組みだが、この形には由来があった。

ダーツの起源は、15世紀のイングランドにまでさかのぼる。30年間も続いた王室の内乱・バラ戦争のさなかだ。長い戦乱のなかで、兵士たちが気晴らしにと、ワインの空樽《からだる》の底めがけて矢を投げて遊んだのがはじまりである。このときから、矢は投げやすいように短くカットされており、ダーツの原型がつくられていた。

当初はワインの空樽の底が利用されていたが、のちにそれが丸太の輪切りに変わっていった。木の断面には、同心円状の年輪が刻まれている。兵士たちはこれを得点分けに利用したのである。またこの丸太を使い続けてしばらく経つと、やがて乾燥によって表面に亀裂《きれつ》が走る。これらの亀裂も得点分けに利用され、いまのダーツボードのデザインに近づいていった。丸い的のなかで当たる場所によって得点が分かれるダーツボードは、丸太の年輪と亀裂が由来だったのである。

いつ来るのかわからない「不親切なエレベーター」

目の前のエレベーターのカゴは、いま何階に停まっているのだろう？

エレベーターに乗ろうとしたときや待っている間、扉の上や横にある階数表示を見る人は多いだろう。カゴがどのフロアにいるかを示しているわけだが、これがないエレベーターがある。なんとも不親切なエレベーターだ。

しかし階数表示がないのは、待ち時間のストレスを減らすためである。エレベーターの動き方に、その答えがある。一般的に、カゴがどの階にあるのかリアルタイムで表示されるのは、エレベーターが1台しかない場合だ。一方、階数表示がないことが多いのは、大きな建物で複数台のエレベーターが同時に動く場合である。

複数台のエレベーターが1つのボタンで呼び出される連動タイプは「群管理システム」によってもっとも効率のよい動きが計算され、全体の動きがコントロールされている。どの階でも待ち時間があまり変わらないよう、ボタンが押された階をあえて素通りすることもありえる。たとえば、4階の乗客が上に行くためにボタンを押した際、もし2階でも上ボタンが押されていれば、まず2階まで下がって昇りながら順番に乗客を乗せる。

こうした動きが階数表示でわかってしまうと、乗客は自分のフロアを飛ばされたように感じてしまう。そこで、あえて階数を隠しているというわけだ。

スーパーで
売られているシメジ、
実は……?

シメジといえば、スーパーでよく売られているブナシメジをイメージするだろう。しかし、シメジというのは本来、本シメジのことを指している。

本シメジはキシメジ科シメジ属のキノコだ。漢字では「占地、湿地」と書き、その字のとおり赤松林やコナラの木の根元で地面に群がって生える。

一方、ブナシメジはキシメジ科シロタモギタケ属に分類され、地面ではなくブナの倒木などに生える。本シメジとは別の種なのである。

ではなぜシメジというと「本シメジ」より「ブナシメジ」のほうがよく知られているのか。それは、本シメジは人工栽培をすることが難しいからである。ブナシメジは1978年頃から人工栽培されるようになり、手頃な値段で手に入るようになった。そして、本シメジより少し小さめだが見た目がよく似ていたため、希少価値が高い本シメジの代用品として売られ始めた。当時はパッケージの名前もブナシメジではなく「本シメジ」とされた。ところが、別物にまったく同じ名前をつけてしまったことで、一時期市場が混乱してしまった。そこで、「ブナの木に生える本シメジに似たキノコ」という意味で、ブナシメジという商品名が新たにつけられた。

いまではブナシメジのほうが知名度が高くなっている。

鉄塔の横にある「バネ」みたいなものは、ナニ?

普段何気なく目にしている鉄塔には、さまざまな形がある。一般的な四角鉄塔や積雪地に多い烏帽子《えぼし》型鉄塔などだが、送電線をわたす用途はみな一緒である。

それらの鉄塔をよく見ると、電線を支えている箇所に、バネのような不思議な形をした部位があることがわかる。これはいったい何だろうか。

バネのようなこの部品は、碍子《がいし》と呼ばれる絶縁体である。送電線を流れる電気が鉄塔を伝わらないようにする部品だ。絶縁体であり、かつ風雨や温度変化、太陽光などによる自然劣化が少ない必要があるため磁器が使われている。簡単にいえば、お皿が何枚も重なったようなものだ。

流れている電圧が高ければ、それだけ絶縁能力も必要になるため、碍子が縦に二重につなげられる場合があるほか、電線に角度がある場所など、電線を支える能力が足りない場合は、2～3個の碍子を横に並べることもある。

この碍子は、普段歩いている街中でも見ることができる。

街中に張られている電線網のなかで、白い玉がつけられていることがある。これは電線の張力を支えるための支線に取り付けられた「玉碍子」だ。電線を流れる電流が、支えのために張られた支線にまで流れないように絶縁しているのだ。

刃が逆向きの
カッターナイフ、
どう使う?

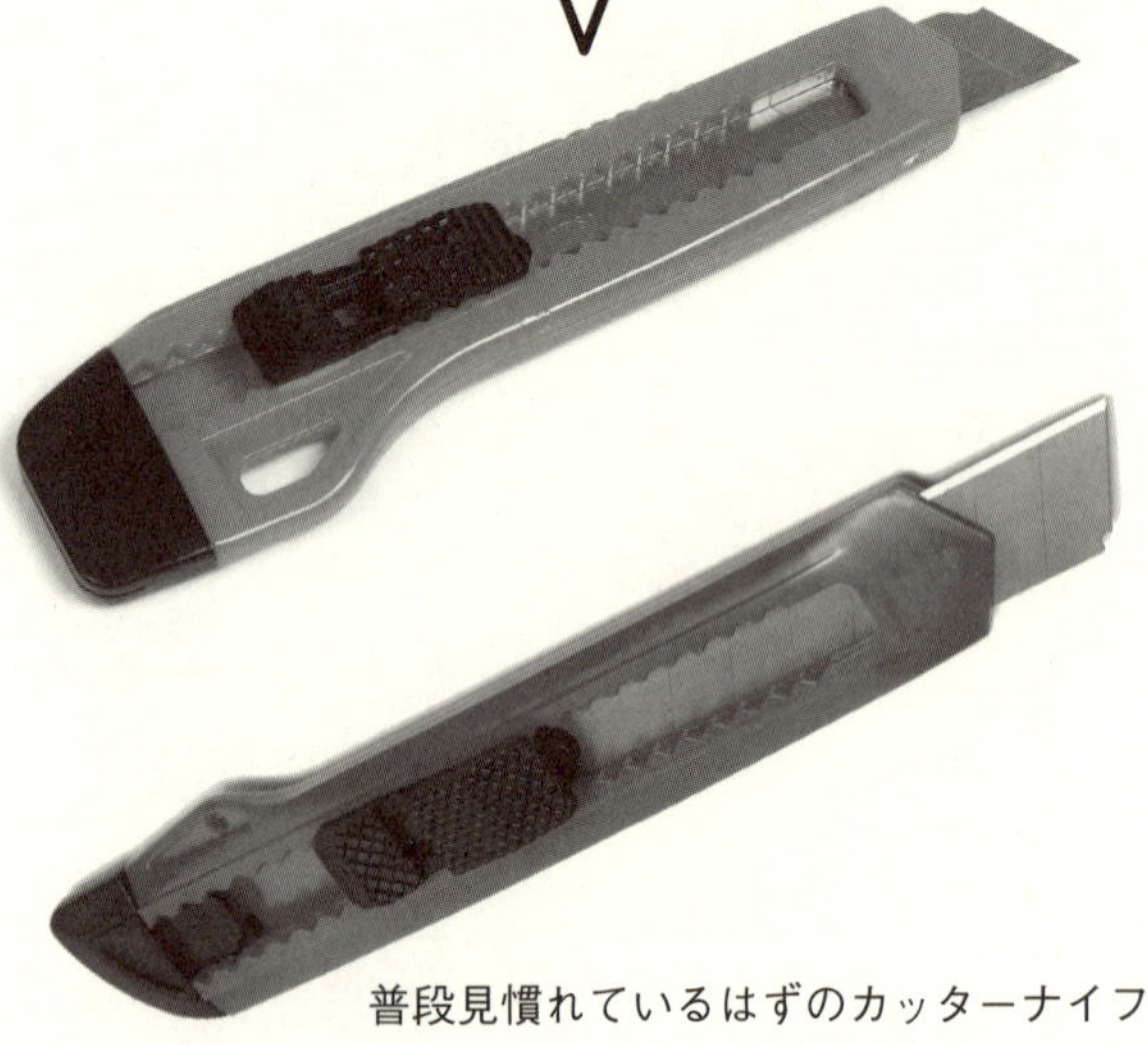

普段見慣れているはずのカッターナイフには、じつは2つの種類がある。

カッターナイフを使うとき、スライダーを動かして刃を出して、そのまま刃を前方に向けて使うだろう。このときスライダーの部分がちょうど親指の場所に位置しているため、動作がスムーズになる。

ここで隣の写真を見てほしい。刃の向きや握りの部分が逆になったカッターナイフがある（上の写真）。普段通り右手で使うことはできないが、実際に商品として売られているものだ。いったいなぜ逆なのか。

これは左利き用のカッターナイフである。左手で使えば、スライダーが親指の場所に位置し、ワンタッチで刃の出し入れができ、そのまま刃を立てて使うことができる。

近年こうした左利き用の商品が増加している。左利き用のはさみや定規、急須、コルク抜きなどだ。従来の道具の数々は、左利きの人にとっては使いづらいものだった。はさみやカッターナイフは、右利き用につくられているし、急須に至っては持ち手が右側にしか存在せず、無理やり慣れない右手に持ち替えて使っていた。

文具や調理機器メーカー各社は、２０１７年より共同で「レフティー21プロジェクト」をはじめ、左利きグッズを充実させてきた。このプロジェクトにより、現在は１００種類以上もの左利きグッズが開発されている。

「線香の長さ」って決まっているの?

仏事や法要に線香は欠かせない。長寸線香や長尺線香、ミニ寸線香なども売られているが、よく使われるのは130～140ミリメートルの短寸線香である。

この短寸線香、じつはメーカーが異なっても同じくらいの長さに収まっている。説明書きによると、この基準となっているのは燃焼時間だ。

線香は燃焼時間が変わらないため、かつては時計代わりに使われていた。

たとえば、お寺でお経を読経する際、ちょうど線香が1本燃え尽きるタイミングで1回読み上げる目安にしたり、農家では、雨が少なく水の管理を厳しくする必要がある土地の場合、田んぼの配水に利用されていた。土地の面積によって決められた時間を線香で計り、引水《いんすい》していたのである。

江戸時代の遊里《ゆうり》では、お客の滞在時間を線香で計っており、足りない場合は線香を2本目、3本目と足していった。支払代金のことを「線香代」と呼ぶ風習もあった。

現在使われている短寸線香は、これら時計代わりに使われていた歴史を引き継いでいる。どこのメーカーの短寸線香でも、だいたいが約30分程度で1本が燃え尽きるようにできているのだ。なんとなく決まった長さではない。そこには時間を計るという起源があったのである。

「お湯を沸騰させない」電気ポットってどうなのか

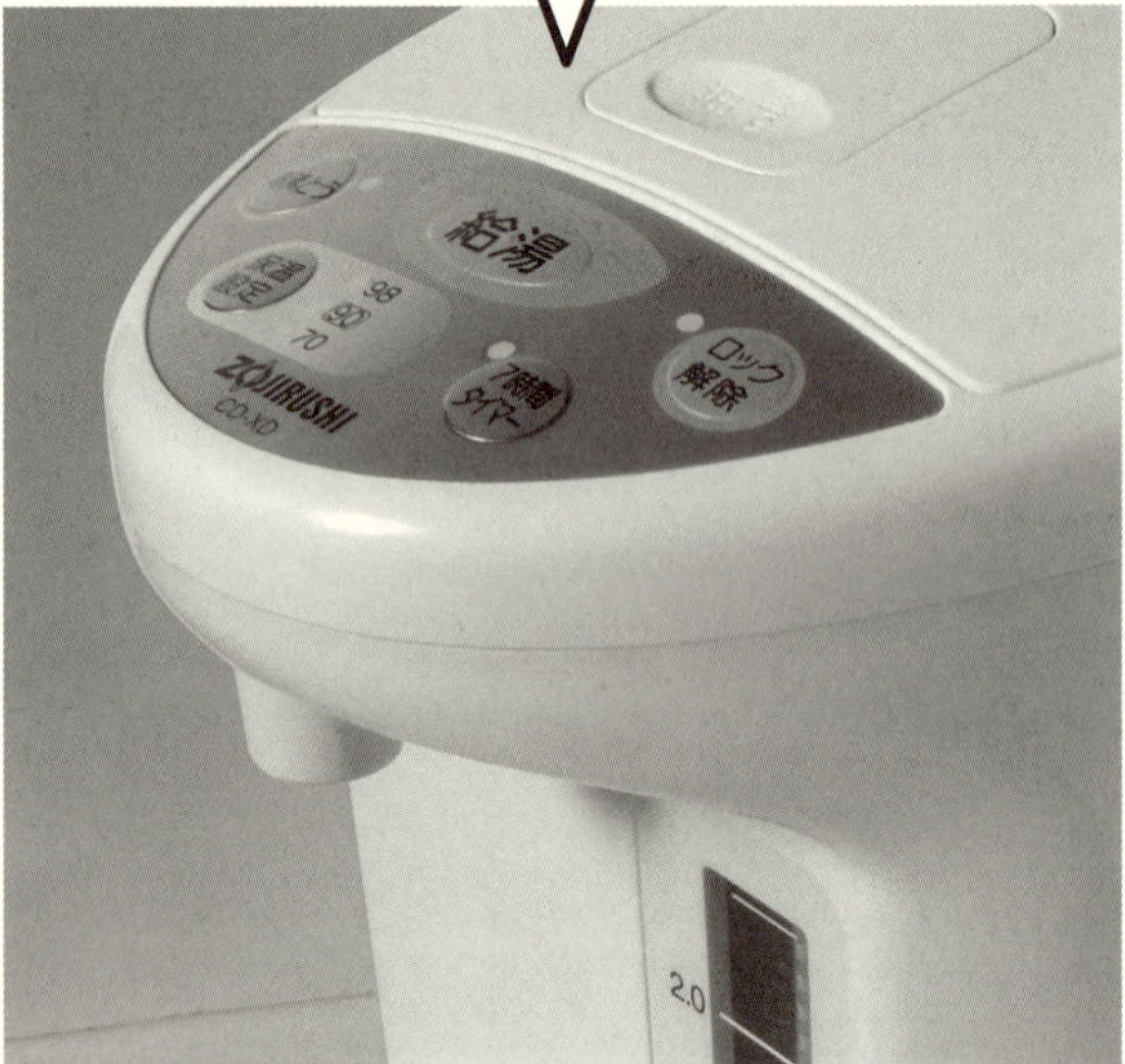

コンビニ、オフィスなどに必ずといってよいほど設置されている電気ポット。改めて見てみると、ポットには、60度や70度、90度などといった設定温度がある。お湯を沸かすという目的を考えると、１００度設定さえあればよさそうなものなのに、なぜか、中途半端な設定温度がある。

じつはこの中途半端な設定温度、お茶を淹《い》れるとき使用するものだ。60度のお湯は玉露《ぎょくろ》を淹れる際の適温。これより高い温度だと、カテキンなどの成分が余計に溶け出して渋いお茶になってしまう。また70度は上級の煎茶や中国茶、80度は普通の煎茶、90度がジャスミン茶やウーロン茶、１００度は紅茶やほうじ茶に適した温度だ。それぞれに適した温度で淹れると、渋すぎず、かつ香りが際立っておいしいお茶になる。

また、お茶以外に粉ミルクをつくる際に使用することがある。粉ミルクを溶くのに最適な温度は70度。世界保健機関（ＷＨＯ）のガイドラインによれば、70度以上のお湯を用いると、乳幼児の髄膜炎《ずいまくえん》や腸炎の発生に関係しているとされるサカザキ菌の感染を抑えられるという。

お湯を沸騰させる用途だけに使用していると気づかないが、１００度以下の設定温度にも、意味があったのである。

新聞紙の端は、どうしてギザギザなの?

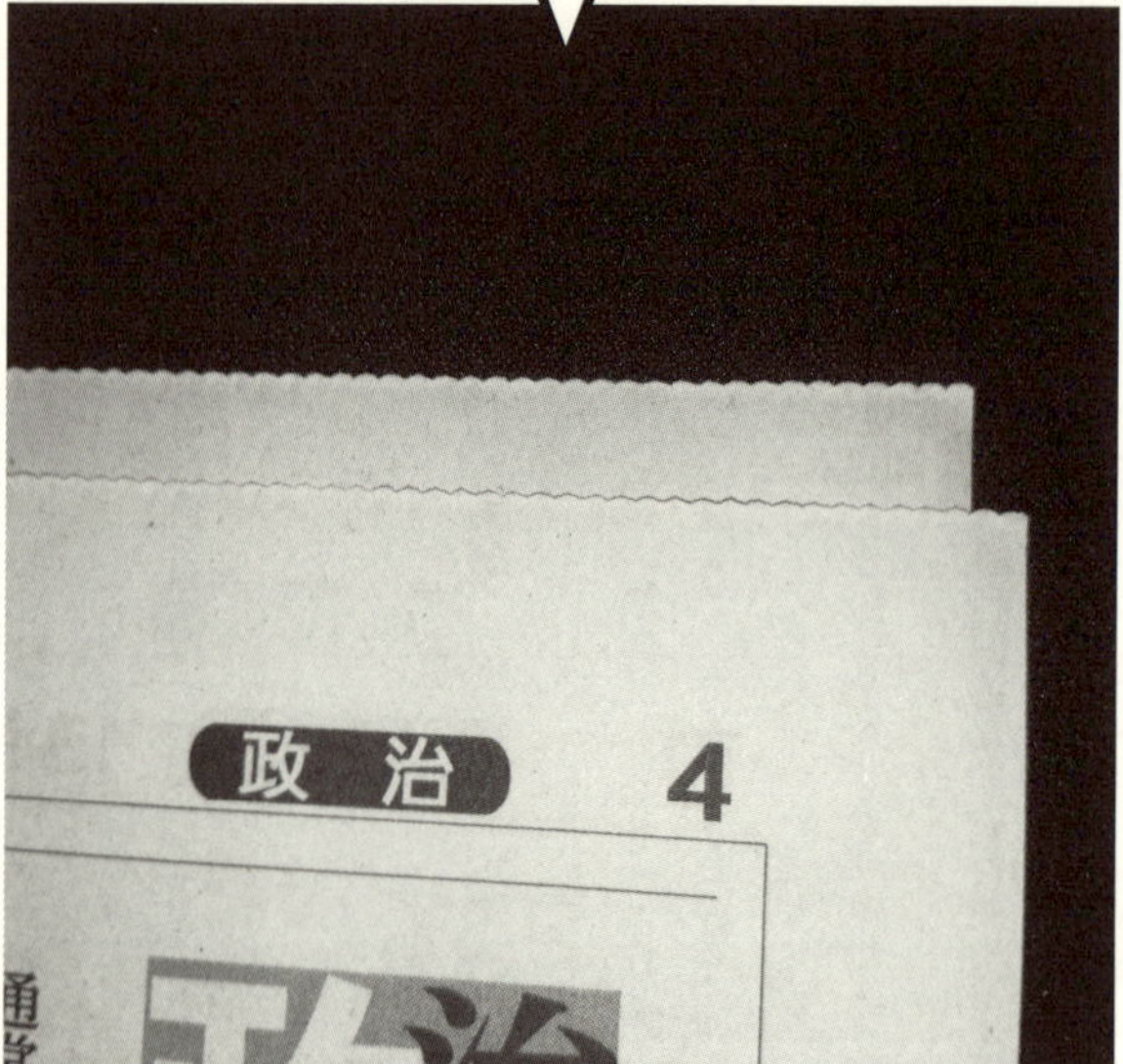

一般紙もスポーツ新聞も、新聞紙の上下の切り口はギザギザになっている。左右の切り口はきれいなのに、なぜ上下だけがギザギザなのだろうか。

じつは、昔の新聞紙は先に切った紙に印刷をしていたため、上下左右きれいな切り口だった。上下がギザギザになったのは、印刷工程が変わってからだ。

いまの新聞は、印刷後に紙を切っている。

輪転機によって印刷された紙面は、まず縦に半分に裁断して2面分、つまり見開きの幅になる。このときロール紙を縦に切るのに使われるのは、スリッターと呼ばれる直径10センチメートルほどの丸ノコだ。ノコ刃がまっすぐに切るため、左右の切り口はきれいになる。

その後、縦につながった2面分を1部ずつ切り離す際は、溝のついたロールとノコ刃のついたロールが使われる。紙を2つのロールの間に挟《はさ》んで回すと、ノコ刃が溝に食い込んで紙が押し切られる。このとき、鋭い刃を使うと滑ったりズレたりしてしまう。そこで、ノコギリのようなギザギザした刃で押さえ切りするため、切り口に刃の形が残るのである。新聞用紙など簡単に切れそうに思えるが、大量に、そして瞬間的に切るとなるとそれなりの工夫が必要というわけだ。

定期券の期間が 1か月、3か月、6か月である理由

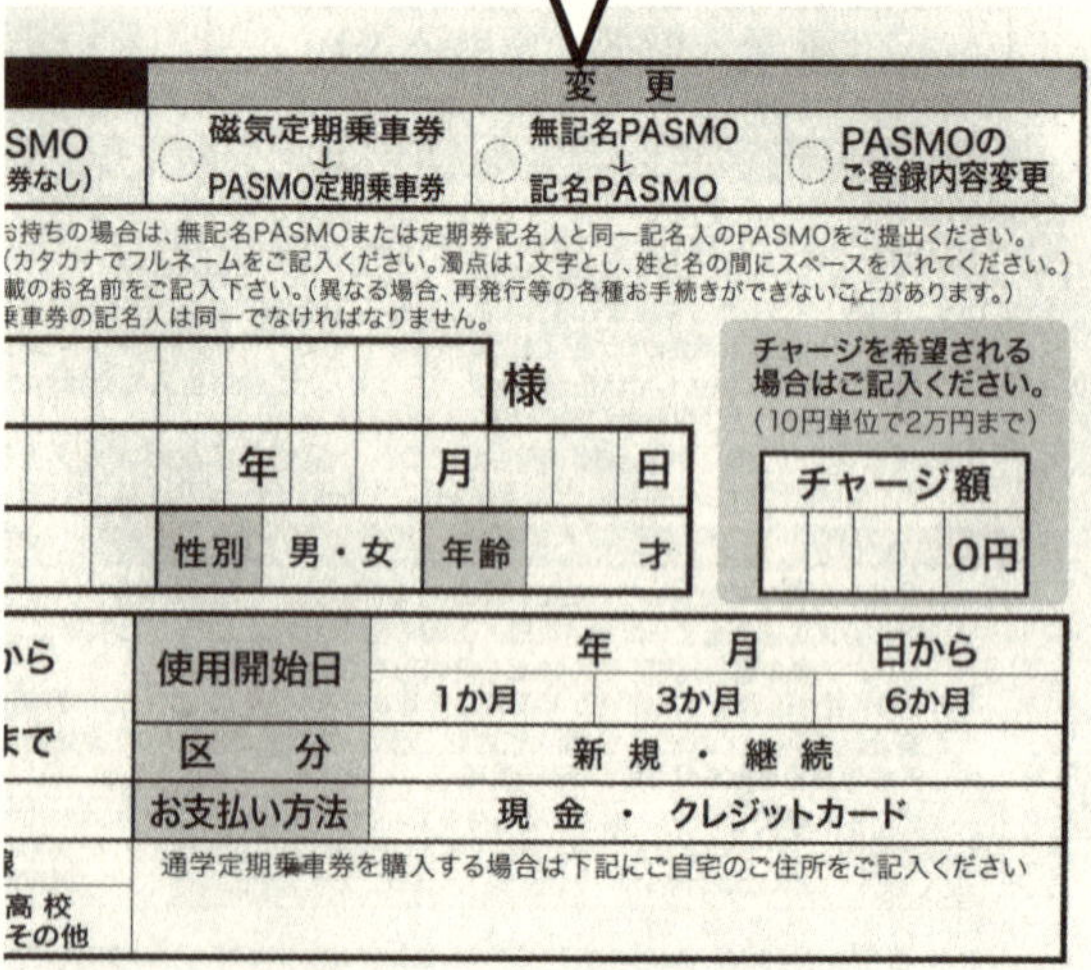
変　更
SMO
券なし)
磁気定期乗車券
↓
PASMO定期乗車券
無記名PASMO
↓
記名PASMO
PASMOの
ご登録内容変更
お持ちの場合は、無記名PASMOまたは定期券記名人と同一記名人のPASMOをご提出ください。
(カタカナでフルネームをご記入ください。濁点は1文字とし、姓と名の間にスペースを入れてください。)
載のお名前をご記入下さい。(異なる場合、再発行等の各種お手続きができないことがあります。)
乗車券の記名人は同一でなければなりません。
様
年　月　日
性別　男・女　年齢　才
チャージを希望される場合はご記入ください。
(10円単位で2万円まで)
チャージ額
0円
から
まで
使用開始日　年　月　日から
1か月　3か月　6か月
区　分　新規・継続
お支払い方法　現金・クレジットカード
通学定期乗車券を購入する場合は下記にご自宅のご住所をご記入ください
高校
その他

東京メトロのPASMO・定期券購入申込書の裏面。期間は、1か月、3か月、6か月の3つからしか選べない。

通学・通勤で使う定期券は、一般的に1か月、3か月、6か月のものが売られている。だが2、4、5か月の定期券は見たことがないだろう。たしかに1、3、6か月の期間を組み合わせれば事足りる。2か月間使いたいなら1か月分を2回、4か月使いたいなら3か月分と1か月分を分けて購入すればいい。

定期券の期間が決められた理由をJR東日本に聞いてみると、「とくに理由はない」と拍子抜けの回答。1か月、3か月、6か月と決められたのは国鉄時代のことだという。1987年、国鉄がJRとして民営化された際、定期券の期間はとくに見直されることもなくそのまま慣例として引き継がれたようだ。また国鉄時代の資料は保管されていないため、期間がどのように決められたのか理由まではわからないという。

慣例で決められたまま続いているこの3つの期間だが、近年では新たな動きが出ている。2018年、東京急行電鉄がICカードでの販売に限定して有効期限が1年の定期券を発売した。

1年分の金額にもなると、紛失や盗難に遭ったときのリスクが大きくなるため発行が敬遠されていたが、ICカードならば手数料とデポジットの計1010円を支払えば、再発行して定期券のデータを引き継ぐことができる。

コンセントの穴の
「左右」、
使い分けていましたか？

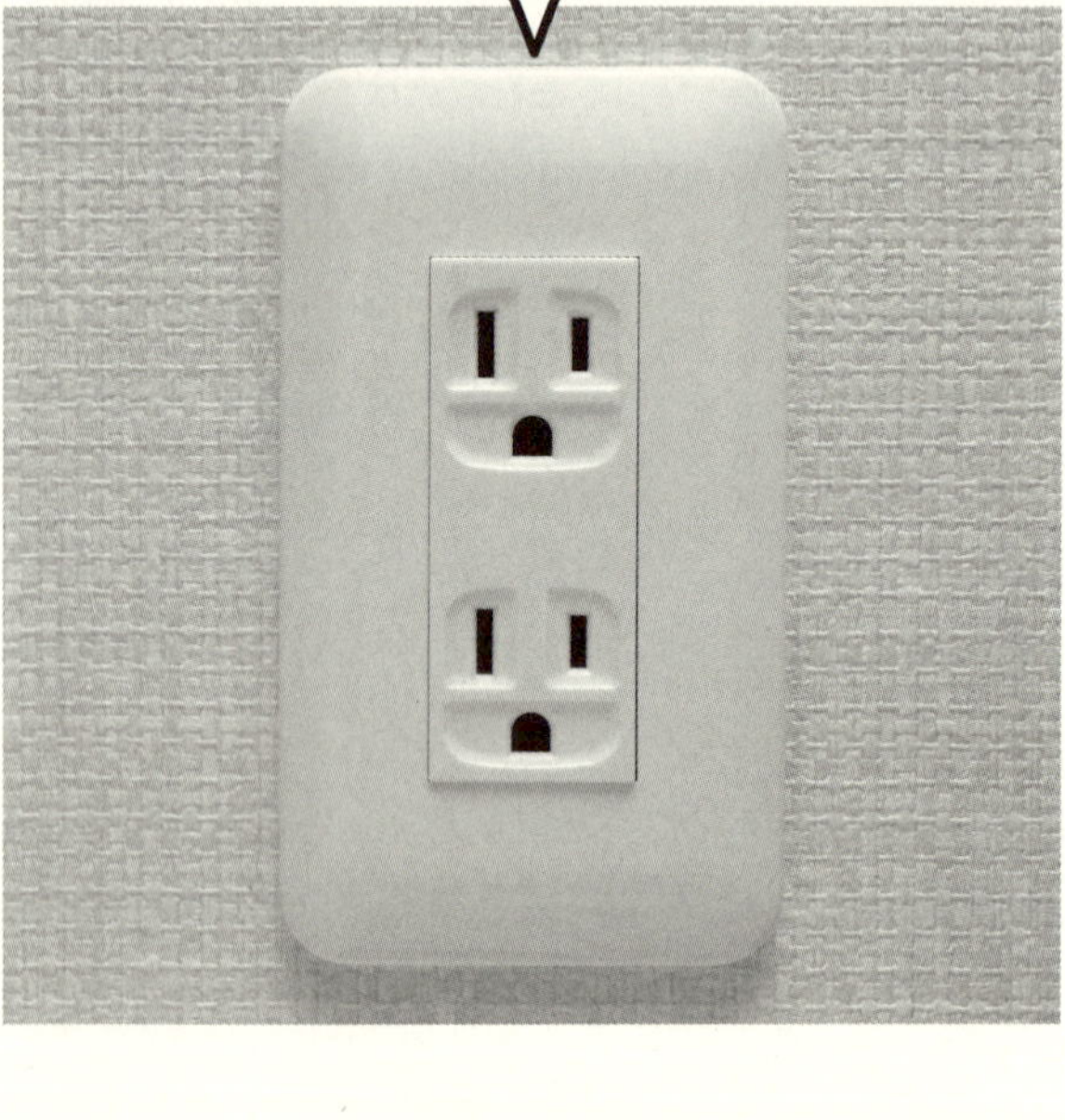

電化製品を使用する際、必ず使用されるコンセント。2つのプラグを差す2本穴は、誰もが見慣れたものである。このコンセント、じつは向きがあることをご存じだろうか。差込口をよく見ると、右側の穴が少し小さく、左側の穴が少し大きい。右が7ミリメートル、左が9ミリメートルとその差はわずかだ。

これらの差込口の違いは、それぞれの役割の違いによる。コンセントをつないだ際、電気は右の穴から電化製品に入り、左の穴に戻っていく。この左の穴はアースと呼ばれ、間違えて高圧電流が流れてしまったときに、その電気を逃がす役割を担う。

右と左で穴の役割が違うが、それに差し込むプラグには違いがあるのか。

ほとんどの場合、左右どちらの向きで差し込んでもよいが、AV機器の場合のみ注意が必要である。AV機器では片方がアース側と決まっており、正しい位置に差し込むことによって、電気的なノイズをアースから逃がすことができるのだ。

音楽の場合、音に透明感や立体感が出る。また映像の画質が向上したり、ネット回線がつながっている場合は通信速度が上がったりする場合もある。

アース側かどうかを見極めるには、コードを見て判断するとよい。白い線が印刷されていたり、コードに白い文字が入っていたりするほうがアース側である。

座布団の「前と後ろ」、あなたは見分けられますか?

上から1、2段目は左側に、3段目は手前にファスナーが見える。ファスナーのある辺が後ろになる。

座敷に人を上げたとき、まず勧めるのは座布団である。このときに座布団の向きを気にしている人はどのくらいいるだろう。正方形でほとんど向きなどないように思えるが、じつは前と後ろ、さらに表と裏がある。

座布団は長方形の1枚の布を2つ折りにし、袋状にして縫製《ほうせい》する。すると3辺に縫《ぬ》い目ができ、布を折った辺だけ縫い目がない。この部分が座布団の前にあたる。この縫い目がない1辺を正面にして座るのが、正しい座り方だ。

新しくつくられた座布団では、4辺のうち1辺のみ、ファスナーがついているものがあるが、この場合はファスナー付きの1辺が後ろになる。

表と裏にも注意が必要である。座布団をつくるときに縫製する3辺のうち、2辺がミシンで1辺が手縫いである。この手縫いの1辺に注目してほしい。

片方の布が、もう片方の布に対して被《かぶ》せるようにして縫われている。この被せてある面が座布団の表にあたる。また、真ん中から閉じ糸の房が出ていれば表である。このように前後と裏表が決まっているので、正しい向きで勧めたいものだ。自分が使っていた座布団を人に勧めるとき、しわや埃《ほこり》などを気にして、裏返しにして勧める人がたまにいるが、これもＮＧである。

ビール缶が
ビミョーに
凹んでいる理由

自動販売機やコンビニで販売している缶飲料を見ると、完全な円筒形ではないことに気づく。上と下の部分が少しすぼんでいる。

まっすぐな円筒形のほうが安くつくることができそうだが、いったいなぜ、このような形をしているのか。

それは、ズバリ節約のためである。といっても、中身の量ではなく、缶の節約だ。

缶飲料の上下の部分には、側面よりも高い圧力が内部からかかる。とくに側面と接合している上ブタの部分にかかる圧は大きい。

そのため、上ブタ全体に厚みをもたせなければならない。しかし、そうしてしまうとアルミやスチールなどが多く必要になり、厚みの部分だけコスト高になる。

そこで、上ブタの面積を減らすために、上下をすぼませているのだ。

節約以外に、別の理由もある。それは収納のしやすさである。

すぼんでいなければ、上ブタとの接合部分が横に張り出すため、箱などに収納する際、隣の缶とぶつかって密着させられない。すぼませたことにより、接合部が隣の缶に干渉しなくなり、収納しやすくなったのである。

缶1つとっても、さまざまな工夫がなされている。

Column

刑事《デカ》という呼び名の語源は「悪口」だった!?

「デカ」と聞くと、張り込みをして犯人を追いかけ、取調室で容疑者を問い詰める、そんな刑事の姿が思い浮かぶ。

1986(昭和61)年からTVでドラマが放送されはじめた『あぶない刑事《デカ》』は2016年までに7作も映画化されている。ほかにも『弾丸刑事』や『ケイタイ刑事』など、刑事が主役の作品は多い。

警察モノはドラマではテッパンである。このようなメディアの影響もあり、デカが刑事のことを指すことは誰もが知っているだろう。ただ、その語源についてはご存じだろうか。

デカという言葉の由来を探ると、明治時代までさかのぼる。

当時はまだ洋服がスタンダードにはなっていなかったため、制服を着ずに和服を着て捜査していた刑事がいた。

和服の袖は四角く、「角袖」と呼ばれたことから、それを着ていた彼らもそのまま

「カクソデ」と呼ばれた。

刑事は街の平和を守る大事な役割を担っているが、一方で犯罪者たちからは当然疎《うと》まれる存在である。

彼らは「カクソデ」の文字を入れ替え、刑事のことを「クソデカ」と揶揄《やゆ》して呼んでいた。

そこから「クソ」が取れて「デカ」という呼び名になったのである。

つまり、「デカ」という言葉は、もともと刑事の蔑称《べっしょう》として生まれた呼び名だったのだ。

それが今日のようにドラマなどで使われるうちに揶揄するような意味は薄れ、一般的な用語として広まっていったというわけだ。

2章

「全面禁煙」の飛行機なのに、なぜトイレに灰皿が？

——気づいているのはあなただけ!?　知って驚き17項

スコッチとバーボンを、飲まずに見分けられるツウな方法

上のボトルがスコッチで、下がバーボン。その違いは「ウイスキー」の綴りにも見られる。

日本でつくられているジャパニーズウイスキーが世界中で人気を博しており、国内メーカーでは品薄状態が続いている。多種類の原料を厳密にブレンドしてつくられる繊細な味が人気のヒミツだ。ウイスキーのうち、国産以外でとくに飲まれているのが、スコットランド産のスコッチとアメリカ産のバーボンだろう。どちらも穀類を糖化させてから酵母で発酵、蒸留させたあとに樽で熟成させる製法は同じだが、スコッチは大麦、バーボンはトウモロコシを原料としている。

この原料が大きな違いだが、じつは見た目にも大きな違いがある。色は似たような茶褐色《ちゃかっしょく》と思うかもしれないが、注目すべきは中身ではなく、パッケージのラベル。スコッチとバーボンでは、ウイスキーのアルファベットの綴《つづ》りが違う。スコッチは「whisky」であるのに対し、バーボンは「whiskey」と「e」が入る。

この違い、もともとはスコットランド語とアイルランド語の綴りの違いに由来する。スコットランドでは「e」なし、アイルランドでは「e」ありの表記で、実際にアイリッシュウイスキーにも「e」が入る。この「e」が、アメリカのバーボンにも取り入れられたのは、バーボン製造の担い手がアイルランド出身者だったから。対してカナダや日本は、スコッチを手本としたため「e」がつかず、「whisky」である。

トランプのエースはなぜ「ひときわゴージャス」なのか?

トランプを見ると、数字の1（エース）から10まではシンプルで、11～13は人物像が描かれたデザインだ。このなかで異彩を放っているのが、スペードのエースである。ダイヤ、クローバー、ハートのエースは、真ん中に小さなマークが1つあるだけのシンプルなデザインなのに、スペードのエースだけはやたらと大きく、装飾まで施《ほどこ》されている。なぜスペードだけが、ここまで凝ったデザインなのか。じつはスペードのエースだけ図柄が違うのは、かつてトランプにかけられていた税金の名残である。

17世紀のこと。当時のイギリスでは、税収を上げるため、国民たちが熱中していたトランプに対して税金をかけることにした。トランプ製造者に税金をかけたカード税だ。やがて1711年には、カードのいずれかに納税スタンプを押すという法律がつくられた。そのときに選ばれたのが、スペードのエースだった。

その後18世紀半ばには、捺印《なついん》が廃止されて、スペードのエースの札を政府が印刷し、それを納税証明として税金と引き換えに業者に渡すようになる。すると、偽造を防ぐために王冠の模様や製造者の名前を入れるなど、次第に装飾が複雑化していった。

こうしてスペードのエースだけが凝ったデザインになり、細かな装飾を描くために大きなマークになったのだ。

瓶の王冠のギザギザ、数えてみると……？

ビール瓶のフタはギザギザした独特の形状から、一般的に「王冠」と呼ばれている。このギザギザをよく見てもらいたい。数えてみると、21の山があることがわかるだろう。この21というギザギザの数、じつは世界共通である。

いったいなぜ、21という数字で統一されているのか。

この数字を決めたのは、ビールの王冠を発明したウィリアム・ペインターである。瓶ビールはもともと、ワインと同じくコルクで栓がされていた。ビールメーカーのうちの1つ、アメリカのボルティモアにあるクラウンコルク＆シール社のウィリアムが、1892年に王冠を発明した。ビールの炭酸が抜けないよう、強く締めつけたいが、フタの部分を締めつけすぎると瓶が割れてしまう。それを解消したのが、ギザギザの接触面だけで締める王冠の形だった。

このとき、試行錯誤を重ねたのがギザギザの数。物を点の力で固定する場合、2点や4点よりも、3点で支えたほうが力学的にはもっとも安定する。そこで3の倍数を用いることになった。とはいえ、3点ではすぐに外れてしまうし、逆に30点もあればギザギザが小さくなりすぎて、栓抜きがひっかからない。しっかり密封できるうえに開けやすいその数が、21だったのである。

キリンビールの
ラベルに
「キ」「リ」「ン」発見!

キリンビールのロゴには、左にあるように「キリン」の3文字が隠れている。さてどこにある?

国産飲料水メーカーの名を挙げるとするならば、キリンは外せないビールメーカーである。幕末に外国の製造技師が横浜でビール醸造を始めたのが発祥で、1907年に麒麟《きりん》麦酒《ビール》として設立された。

社名の麒麟とは、動物園で見かけるキリンとは異なる。シカの身体、ウシの尾、ウマの蹄《ひづめ》をもち、頭に1本の角がある古代中国の霊獣《れいじゅう》である。仁徳のある王や聖人が現われるときに見ることができる吉兆《きっちょう》のシンボルだ。

キリンビールの瓶や缶のラベルに描かれている動物がまさにこの麒麟の姿。このイラストは、東京美術学校（現・東京藝術大学）第一期生として横山大観らとともに学んだ漆工芸家・六角紫水《ろっかくしすい》によるものである。

このラベルのイラストには、ある仕掛けが隠されている。麒麟の身体のなかに、「キ・リ・ン」の3文字が隠されているのだ。よく見ると、麒麟のこめかみの部分に「キ」、たてがみに「リ」、尾に「ン」の3文字が描かれているのがわかるだろう。

この文字は発売当初はなかったものの、少なくとも1933年以降に製造されたラベルに入れられている。隠し文字を入れたのは、偽造防止や当時のデザイナーの遊び心などともいわれているが、はっきりとした理由はわからないという。

百人一首の小野小町が振り向いてくれないワケ

世界三大美女といえば、クレオパトラ、楊貴妃《ようきひ》、そして小野小町《おののこまち》の名が挙げられるだろう。しかし、そんな美貌《びぼう》にもかかわらず、百人一首の札に描かれている小野小町はなぜか後姿だ。それも、数々つくられている百人一首のほとんどがそうで、顔を見せていないから不思議である。

もともと「小倉百人一首」は鎌倉時代初期につくられたものだが、遊戯用に出回り始めたのは江戸時代のこと。その絵柄は、鎌倉時代に描かれた「佐竹本三十六歌仙絵巻」をもとに、江戸時代の絵師が描き直したものである。

小野小町が後ろ姿で描かれるのは、どうやらこのとき、百人一首をつくった版元の販売戦略だったらしい。美貌をあっさり明かしてしまうよりも、後姿にしてその姿を想像してもらったほうが、興味もわくというもの。また、美女を描くと、世の女性たちがその美貌に嫉妬《しっと》して商品に反感を持つかもしれない……。当時はそんな考えがあったようで、あえて顔を描かないことにしたというわけだ。

小野小町の容姿も謎だが、生誕伝承が残る場所が複数あったり、出自や血筋にも諸説あったりするなど、いまだ謎に包まれた人物だ。そんなミステリアスなところも、ますます絶世の美女という想像力をかき立てられる要因になっている。

「捨印」は、なぜ押さなければならないのか

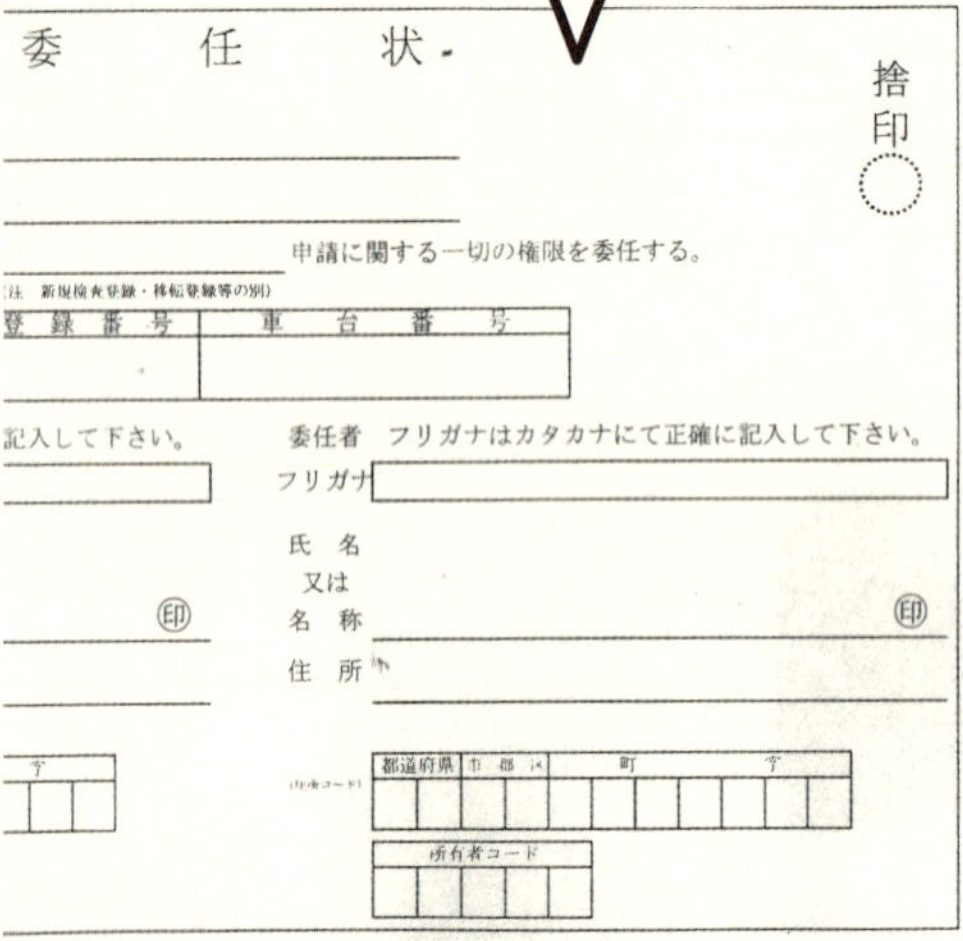
委　任　状
捨印
申請に関する一切の権限を委任する。
(注　新規検査登録・移転登録等の別)
登録番号　車台番号
記入して下さい。
委任者　フリガナはカタカナにて正確に記入して下さい。
フリガナ
㊞
氏名
又は
名称　㊞
住所
都道府県　市　郡　区　町　字
所有者コード

右上に大きく示されている「捨印」のマーク。
いったい何のために押すのだろう？

住宅や自動車ローンなどの契約書類には、捨印《すていん》を押す欄《らん》がある。捨印というくらいだから、別に押さなくてもよさそうなものだが、なぜわざわざそんな欄を設けているのだろうか。この捨印は、一般的な押印《おういん》とは意味合いが異なる。のちに記入内容について修正点が見つかったときなどに、契約先へ訂正を委任するという意味があるのだ。

通常であれば、契約書類に修正をする場合、修正点を二重線で消してから訂正印を押す。だがこのとき、書類が契約先にあると訂正印を押すためにわざわざ出向かなければならない。そこであらかじめ訂正印を欄外に押すことで、手間を省いているというわけだ。契約先の担当者は、修正点を直したあと、捨印の横に「〇〇文字削除」「〇〇文字追加」と書き加える。この所定のやり方で行なう限り、修正は契約者本人が書いていなくとも、法的に有効なものになる。

一見、契約先にお任せの便利なシステムに思えるが、理由を知れば気軽に押せないだろう。自分が知らないところで契約内容があとから書き換えられる可能性もゼロではないからだ。そうして損害を被《こうむ》ったとしても、捨印が押されていれば、契約者は書き換えを容認していることになる。

一見便利そうだが、じつは慎重に押さなければならない押印、それが捨印である。

100円ライターが「2つの部屋」で仕切られているワケ

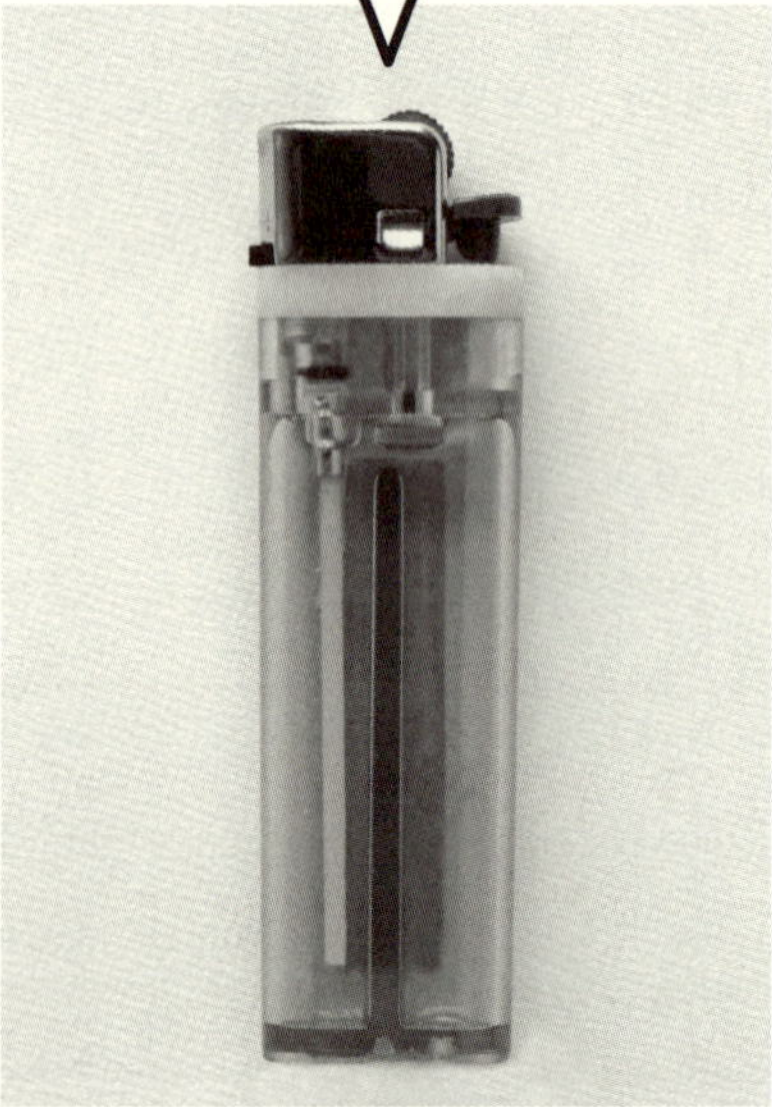

喫煙者のなかには、タバコを吸うとき、その手軽さから100円ライターを愛用しているという人は多いだろう。電子タバコが普及し始めた昨今においても、いまだ街中では100円ライターを使う人をよく見かける。

この100円ライターのなかで、内部が透けて見えるタイプのものをよく見てほしい。内部には燃料となる液化ガスが入っているが、そこが中央で仕切りによって2つの部屋に分けられている。わざわざ2つの部屋に仕切る必要があるのだろうか。

内部が仕切られている理由は、液化ガスの圧力を分散させるためである。ライターの容器に内部からかかる圧力は、1平方センチメートルあたり約13キログラムと、意外に高圧だ。もちろん、容器は強度の高い素材（ポリアセタールやAS樹脂など）でつくられてはいるが、この圧力では破損の可能性もゼロではない。そこで、内部を仕切って圧力を分散させているのである。

新品のライターを買ったとき、8分目くらいまでしか液化ガスが入っていないのも、同じ理由である。なにも中身をケチっているわけではない。ガスの量と圧力は比例するため、目一杯に満たしてしまうと、少しのはずみで爆発する恐れがあるからだ。

謎だったライターの仕切りだが、安全を守る大切なものだったのである。

昔の人は、ワイシャツを「パンツ」代わりにしていた!?

ワイシャツは、ビジネスマンはもとより、冠婚葬祭《かんこんそうさい》などで着用する、大人の男性の必須アイテム。その裾《すそ》の部分を見ると、ゆるい曲線を描いていることがわかるだろう。

一般的にワイシャツの裾は、着たときの左右が短く、お腹とお尻に触れる前後の部分は長い「波型」である。当たり前すぎて、とくに意識したことはないかもしれないが、この形には驚きの歴史があった。じつは波型の裾は、ワイシャツがもともと「下着」を兼ねていたときの名残なのだ。上着の内側に着る衣類として、ワイシャツが生まれたのは17世紀頃。当時、スーツは高価で、貧しい家では1着のスーツを次世代へ引き継ぐほど。そこで、スーツが直接身体に触れて汚れないよう、ワイシャツを着る習慣が生まれた。このときのワイシャツはただの肌着ではなく、なんとパンツも兼ねていた。ワイシャツの裾の前後を長くして、股間とお尻を覆っていたのだ。

ワイシャツの裾の後ろ側をシャツテールと呼ぶが、かつてはテールの先にボタンホールがついていた。そして、前身ごろの先についたボタンと股の下で合わせて留めるようになっていた。ちょうど、赤ちゃん用の股下スナップのついた下着のような構造である。いまでは下着をはくから、ワイシャツの裾が波型である必要はないのだが、当時の名残としていまに伝わっているのである。

電話と電卓で数字の並び方はなぜ違う?

固定電話を見ると、上段から下段にかけて1～9の数字が配列されている。一方、同じ数字の羅列がある電子機器でも、電卓の並びは電話と異なり、下段から上段にかけて1～9が並ぶ。0～9の数字を使った同じ電子機器であるにもかかわらず、並ぶ方向が上下逆であることに気づいていただろうか。

上から並ぶ電話の数字は、「ITU-T（国際電気通信連合の電気通信標準化部門）」によって定められたもので、国やメーカーを問わず、世界中で統一された並び順だ。ITU-Tがこの配列にしたのは、上から下へ並ぶほうが自然な配置で見やすいという理由からだ。一方で、電卓が下から上に数字を配列しているのは、使いやすさを追求した結果である。使用頻度の高い数字を下の段、つまり手前側に配置しているのだ。

もっとも使われるのは、0のボタンである。電卓によっては「00」のボタンもついているが、これも手前側にあるのは使用頻度の高さからだ。計算する際、0と1が離れているのは不自然だったので、下から1、2、3……と並べていくことになったのである。現在では、この並びはISO（国際標準化機構）によって、世界的に統一されている。つまり、電話は見やすさを重視し、電卓は使いやすさを重視した配列になっているというわけだ。

全面禁煙の飛行機に“あってはならないモノ”が!

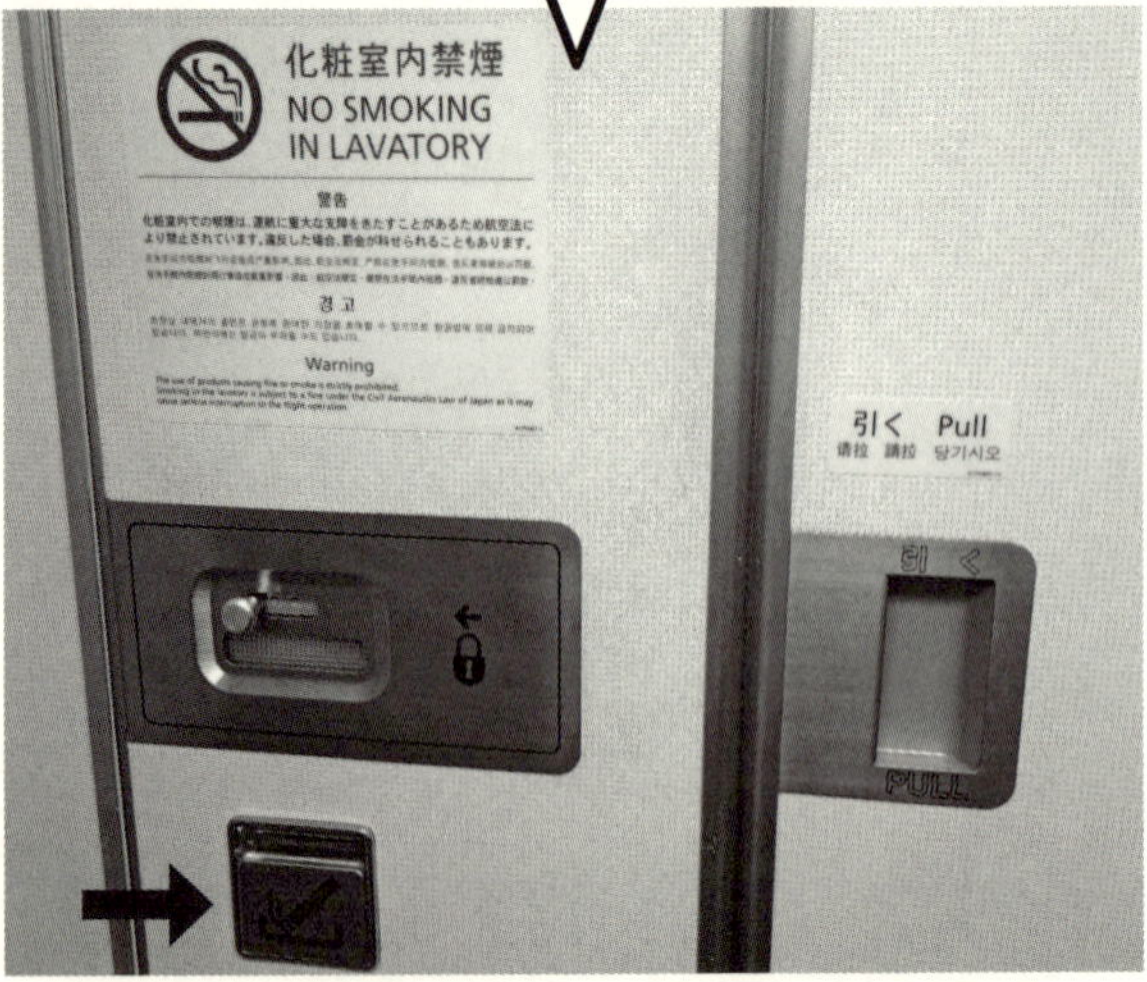

矢印部分にあるのが灰皿。しかし、扉の上を見るとたしかに「化粧室内禁煙」の表記が……。

いまや公共の場では、禁煙が当たり前。喫煙者は日々肩身の狭い思いをしていることだろう。公共交通機関でも、電車や路線バスなどはもちろんのこと、飛行機も全面禁煙である。ところが飛行機のトイレには、なぜか灰皿が設置されている。これは、トイレでの喫煙ならば目をつむってもらえる……というわけではない。機内での喫煙は禁止されており、違反すれば50万円以下の罰金が科せられることになる。

じつは、航空法により飛行機内に灰皿を完備することが定められており、灰皿を完備していない飛行機は不備と見なされ、離陸許可が下りないのだ。事実、２００９年にロンドンのヒースロー空港で、整備の際に灰皿をつけ忘れたある飛行機に離陸の許可が下りなかった珍事があった。乗務員があわてて灰皿を調達し、25分遅れで離陸している。では、なぜ喫煙を禁止する一方、灰皿設置は義務付けられているのか。

これは長距離のフライト中にどうしても我慢できず、万一、タバコを吸ってしまう乗客がいないとも限らないためだ。もし隠れて吸ったタバコをトイレ内のゴミ箱に捨てて火災でも起きれば、それこそ大惨事《だいさんじ》になる。そこで、安全のためにトイレに灰皿を置いているというわけだ。大勢の命が預けられた飛行機という場所だからこそ、違反行為に対しても常に万全の備えをしておく必要がある。

スーツの襟にある
ボタン穴、
いったい何に使うもの?

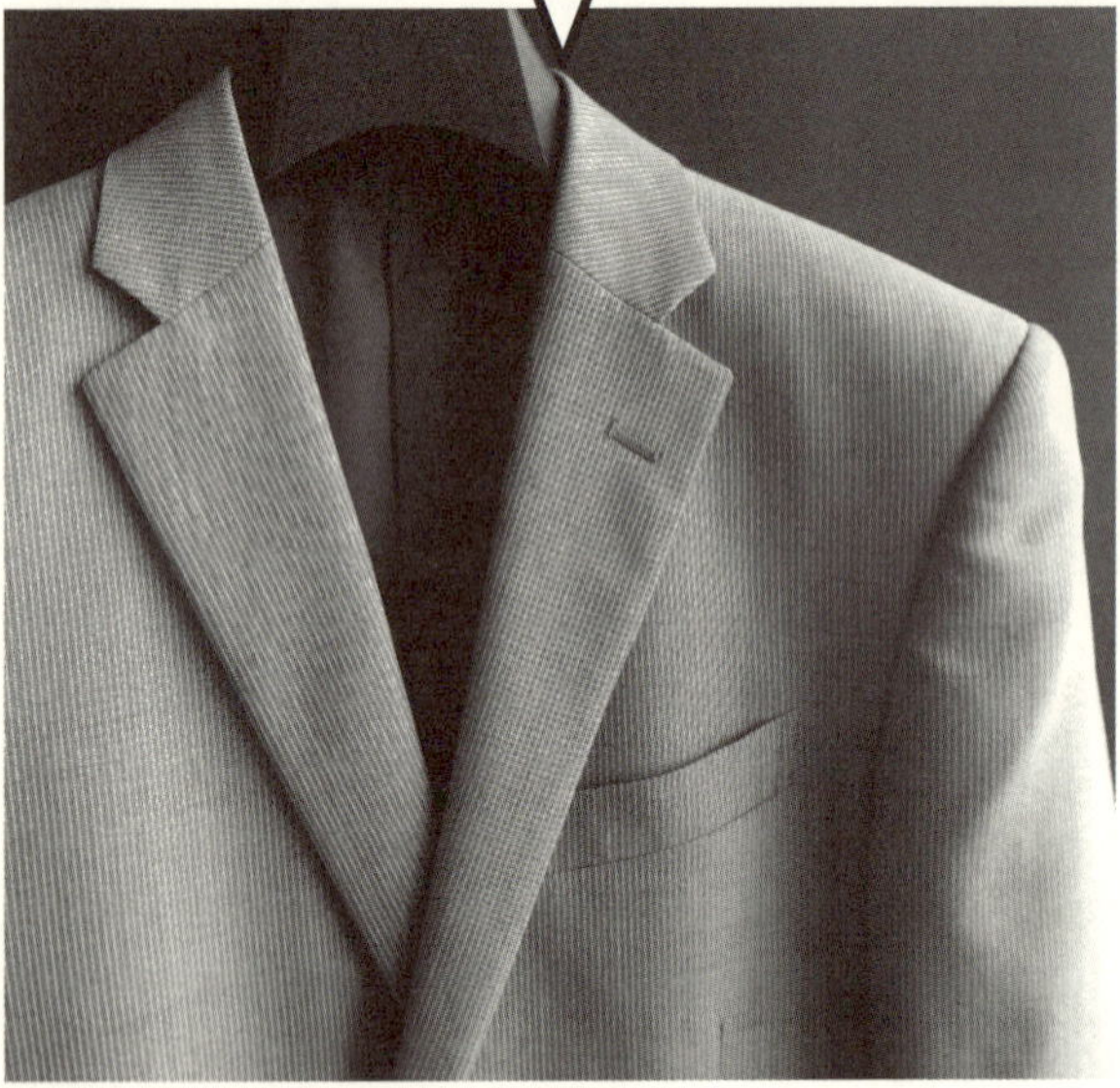

スーツの左襟《えり》には、ボタンホールのような斜めにあけられている穴がある。留めるボタンもないので、社章や、国会議員であれば議員バッジなどをつけるために使われることが多い。

しかし、本来はバッジをつけるためにあけられた穴ではない。この穴には、2つの呼び名と由来があった。

1つ目は「ラペルホール」という呼び名だ。ラペルは襟を意味する。

19世紀、ヨーロッパの軍人は詰襟《つめえり》を着用していた。彼らは非番のとき、軍服の首のボタンを外し、三角形に折り返す慣習があった。それが現在のジャケットやスーツの原型になったのである。

つまり、詰襟の第一ボタンの穴がもととなっているので、左側の襟に斜めにあいている、というわけだ。

もう1つは「フラワーホール」という、なんとも可愛らしい呼び名だ。

こちらは名前の通り、花を挿《さ》すために使われていたという。かつてヨーロッパでは、フォーマルな会合やパーティーに出席する際、男性は胸元を花で飾るという習慣があった。

しかし、日本では結婚式以外で男性が花を身につける習慣はなく、用途を知らないまま取り入れたというわけだ。

どちらにせよ、現在は使うことは滅多にないが、いまだに穴だけが残っているのである。

スーツのもととなった軍服の詰襟（上）と、実際にフラワーホールとして使用している例（下）。

Column

野球のベースのなかで、本塁だけが五角形である理由

野球のベースの形を見ると、一塁《いちるい》や二塁、三塁は正方形をしている。しかし、ホームベースだけが五角形である。

これは審判がストライクか否かの判定をするためである。

もとはほかのベース同様、正方形であった。だが、外角のボールを判定する際、審判はベースの角を基準に見なくてはならず、ストライクとボールの判定が難しかった。両端の2点だけで判断しなければならなかったからである。

だが両端が線になれば、ボールが線の内側と外側のどちらに投げられたか、判断がつきやすい。そこで、両端の角を線にした五角形になったというわけだ。ダイヤ形から五角形へ変わったのは、1900年頃だという。

野球の発祥が19世紀初頭であるため、約1世紀の間は正方形のホームベースを使っていたというわけだ。

「中途半端やなあ〜!」ビールの大瓶のヘンな容量!

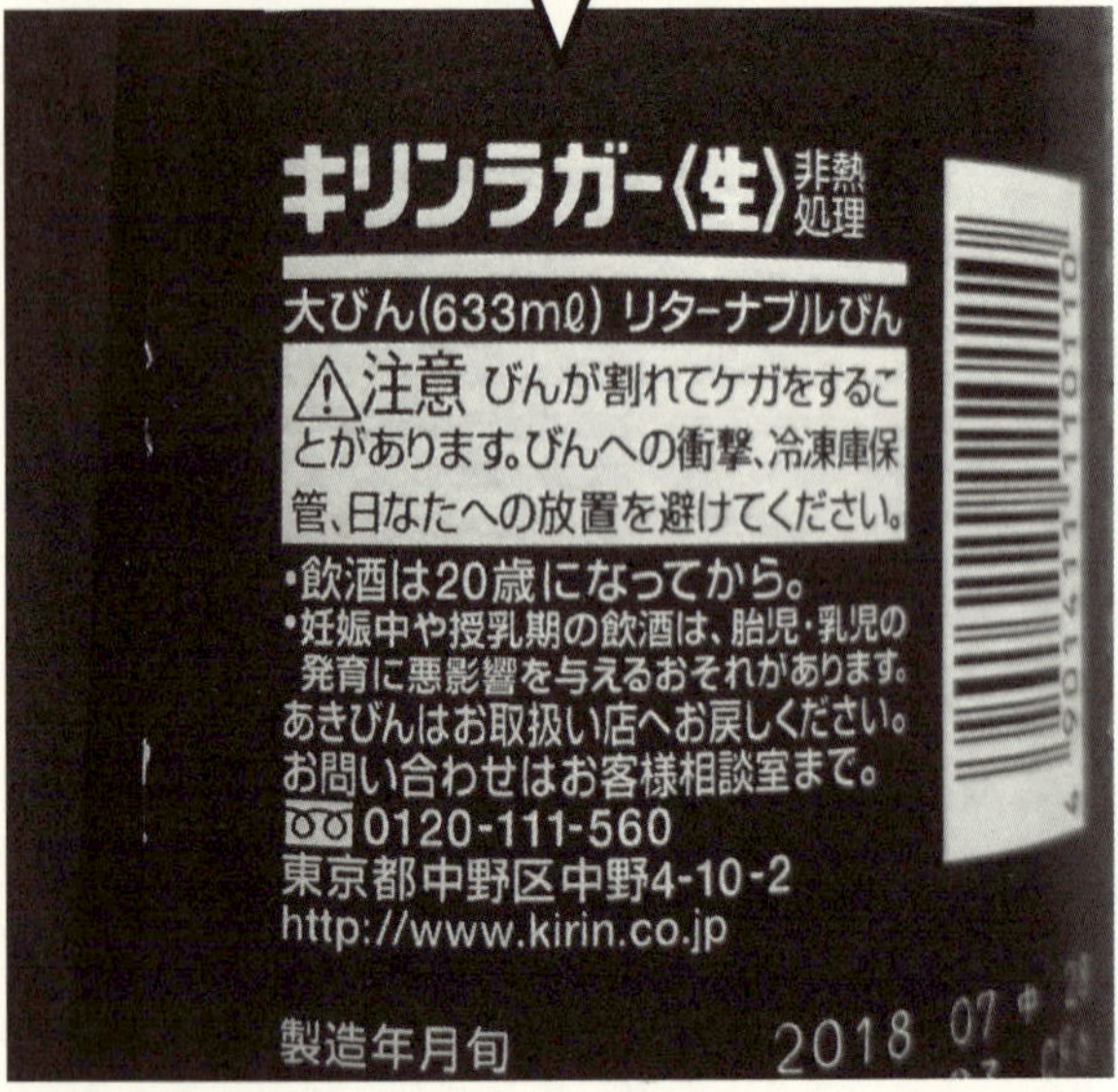

キリンラガー〈生〉非熱処理
大びん(633mℓ) リターナブルびん
⚠注意 びんが割れてケガをすることがあります。びんへの衝撃、冷凍庫保管、日なたへの放置を避けてください。
・飲酒は20歳になってから。
・妊娠中や授乳期の飲酒は、胎児・乳児の発育に悪影響を与えるおそれがあります。
あきびんはお取扱い店へお戻しください。
お問い合わせはお客様相談室まで。
0120-111-560
東京都中野区中野4-10-2
http://www.kirin.co.jp
製造年月旬
2018

家庭では見かけることの少なくなった瓶ビールも、飲食店ではまだ珍しくない。この瓶ビールの容量をよく見てほしい。ラベルを確認すると、内容量は633ミリリットル。この中途半端な数字に何か意味があるのか。

1940年に旧酒税法が制定され、それまでバラバラだった内容量を統一することになった。内容量の統一といっても、新しいサイズの瓶を新たにつくれば経費がかかる。そこで当時、おもな出荷元だった大日本麦酒《だいにっぽんビール》の10の工場と麒麟麦酒の4工場では、すでにある瓶のなかで統一を図ることになった。

瓶の内容量を調べてみると、もっとも内容量が多いメーカーの瓶が3・57合（644ミリリットル）、もっとも少ないメーカーの瓶が3・51合（633ミリリットル）であり、最大で11ミリリットルの差があることがわかったのである。

もし内容量が大きいほうに統一すると、小さい瓶ではビールがあふれてしまう。しかし、小さいほうに統一すれば、大きな瓶に入れていたメーカーは内容量を減らせばよく、新たな瓶は必要ない。そこで、もっとも内容量の少ない瓶に統一された結果、633ミリリットルのビール瓶が誕生したのである。つまり633という数字は、小さな瓶で販売していたメーカーが使っていた大きさだったのである。

「赤バイ」「青バイ」「黒バイ」……実在するのは、どれ?

交通機動隊は、パトカーや白バイを使って日夜取り締まりを行なっている。

この白バイの警官は、交番勤務を数年ほど経験したあとに所属長の推薦を受けて白バイ専科で訓練を受けた、いわば交通機動隊のエリートだ。隊員になったあとも月に数回の定期訓練で運転技術の練習を重ね、全国白バイ安全運転競技大会に出場する。

だが警察のバイクは、白バイだけではない。

大阪府警で1997年に発足《ほっそく》した、ひったくり犯取り締まり用の青バイ（正式名称：スカイブルー隊）などもいる。

また目立つ白や青ではなく、黒に塗装した警察のバイクも存在している。通称・黒バイと呼ばれるその部隊は、白バイ勤務を経験したあと、さらに特殊な訓練を積んだ、さらなるエリート集団である。

黒バイは、一見すると警察車両とわからないが、各種カメラやセンサーなどが取り付けられた特殊なバイクだ。おもに夜間の暴走族取り締まりを行なう。ツーリング集団に混じったり、暴走族を追跡したりするなど、積極的に暴走の証拠を集めている。

彼らは、警視庁のほか、宮城県警、青森県警、和歌山県警などに在籍している。

リアルUSJ!?
大阪にはビルに突っ込む
高速道路がある!

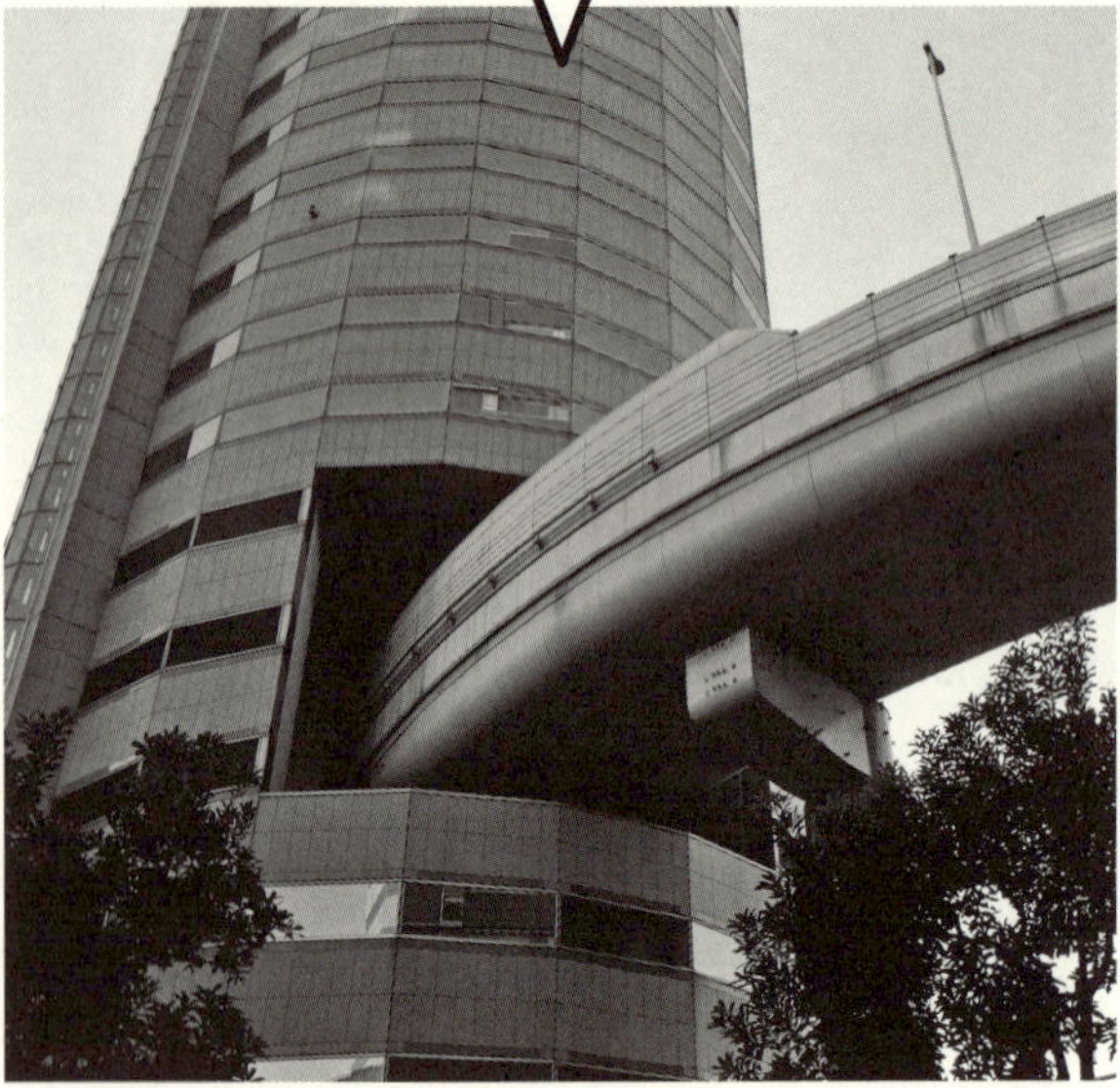

阪神高速の梅田出口では、ほかの場所では見られない不思議な光景を目にすることができる。車を走らせていると、高速道路が突然、ビルのなかに吸い込まれるのだ。

地上16階建てのＴＫＰゲートタワービル（現・ＴＫＰガーデンシティ大阪梅田）の真ん中に空洞《くうどう》があり、高速道路が突き抜けた構造になっている。ビルの案内板には、5～7階部分について「阪神高速道路」と明記されている。

高速道路がビルを貫通しているこの光景は、大阪では有名だ。

この構造になった経緯をさかのぼると、そこには大阪人らしい、文字通り〝突き抜けた〟発想があった。

明治時代からこの土地を持っていた地権者がビルを新築しようとしていた１９８３年頃、阪神高速道路の梅田出口をつくろうという話が持ち上がった。地権者と道路整備側は5年あまりに及ぶ交渉を重ねたものの、両者譲らずなかなか話はまとまらない。

そこで、両者の意見を合わせた折衷案《せっちゅう》が考えられることとなった。

それが、地権者が新築するビルのなかに高速道路を通してしまうという、奇想天外なものだった。大阪人らしいユニークな発想だ。そして高速道路は１９９２年に開通し、このような面白い光景ができあがったのである。

メジャーリーグで見かける「KKK」のボードって、何のこと?

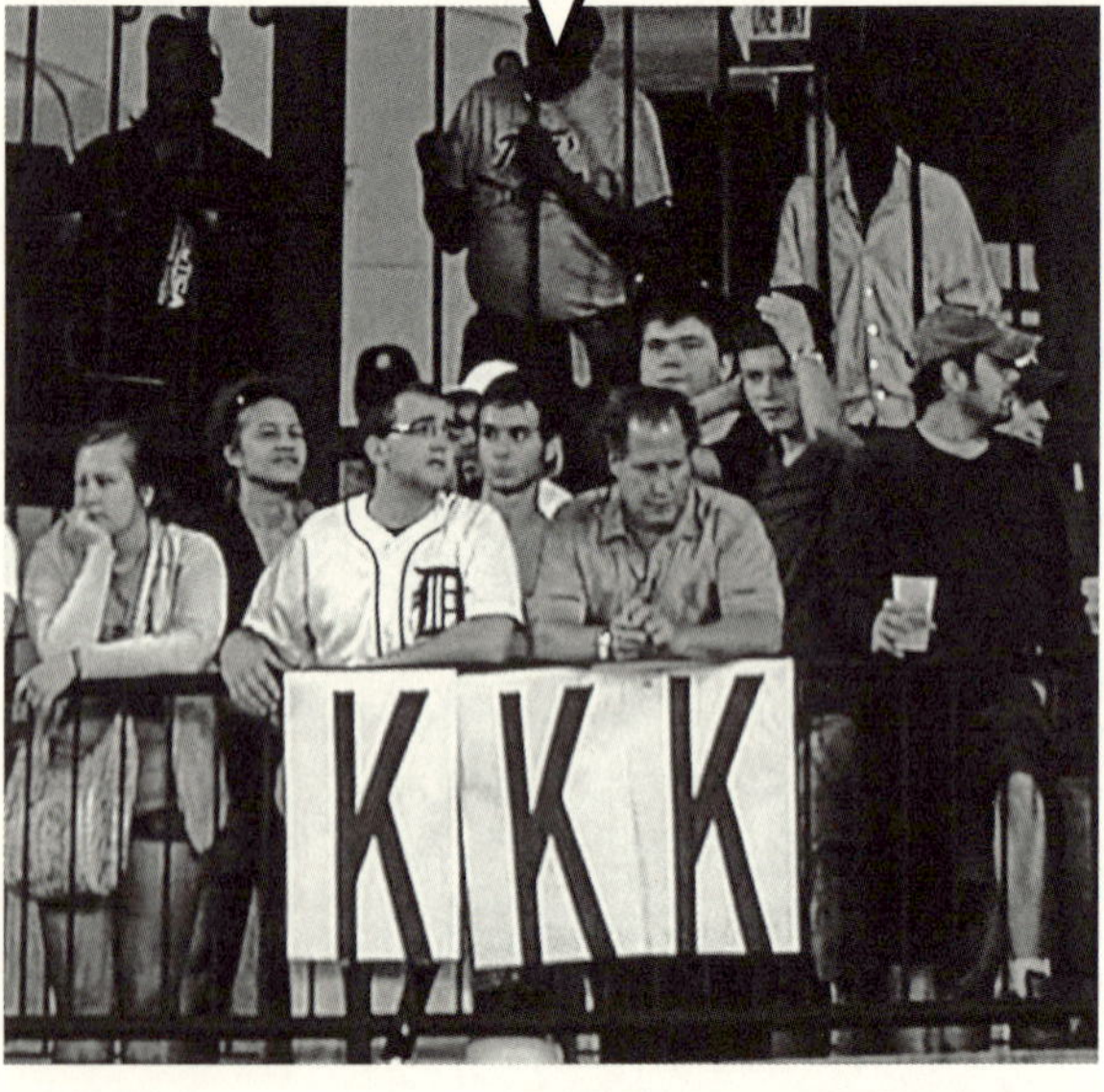

メジャーリーグをテレビで見ていると、観客席のファンが「K」と書かれたボードを持って選手を称《たた》える光景を目にする。「K」は野球のスコアブックで三振を意味する記号だ。

1984年に新人で276個の三振を奪ったドワイト・グッデンには「ドクターK」の称号が与えられた。でも三振は、Strike Out なのだから、記号は「S」でもよさそうなものだが、なぜKで表わすのだろうか。

『米国野球辞典』と『ディクソン野球辞典』によると、スコア記入方法は1861年、ヘンリー・チャドウィックによって創案された。彼は一塁手が打球のゴロを捕球しベースを踏んでアウトをとった場合には「A」、二塁手が打球のゴロを捕球しベースを踏んで一塁ランナーをアウトにした場合には「B」という具合にアルファベットをあてはめていった。フライ（fly）には「F」、犠打（sacrifice）には「S」、ファウル（foul）には、既にFを使っていたために末尾を採用し「L」があてはめられている。このとき、三振（Strike Out）の頭文字のSは既に使われている。綴りのなかでもっとも目立ち、記憶に残りやすいKを採用したのだという。以上が定説だが、そのほかに「画数が三画のKで3ストライクを表わした」という「字画説」もある。

実印や銀行印は、わざと上下を判断しづらくしていた！

「アタリ」がないと、
印面の上下が
わからない。

印鑑をつくるとき、〝アタリ〟をつけるか否かを店員から尋ねられることがある。アタリとは、印面の上下がわかるように印鑑の側面につけられている目印のことだ。印面を見なくとも上下がわかるのだから、アタリがついているほうが便利だが、あえてつけない場合もある。その理由はズバリ〝縁起〟である。

印鑑に切り込みを入れることは自分の身を削《けず》ることを意味し、縁起がよくないという考え方がある。そのため、便利なアタリをあえて入れない人も多い。

だがじつはもう1つ、実用面からアタリを入れないほうがいいとされる理由がある。それは、印鑑を押すという重要な行為をする前に、ひと呼吸入れる時間をつくるためである。アタリがなければ、押す前に印面の向きを確認する必要が生じる。あえて一手間加えさせる状態にしておくことで、「本当に押してもいいのだろうか？」と、押す本人が改めて冷静に考え直す時間を与えているわけだ。印鑑が重要な意味を持つものだからこそ、すぐに押せるようなアタリを入れないほうがいいという考えである。

ただし、使う回数の多い業務用の印鑑の場合、アタリが入っていないと、いちいち確認する時間がとられてしまうという側面もある。

そのため、店側は購入する本人の意向に任せているというわけだ。

買ったワインの瓶が上げ底になっていてガッカリ?

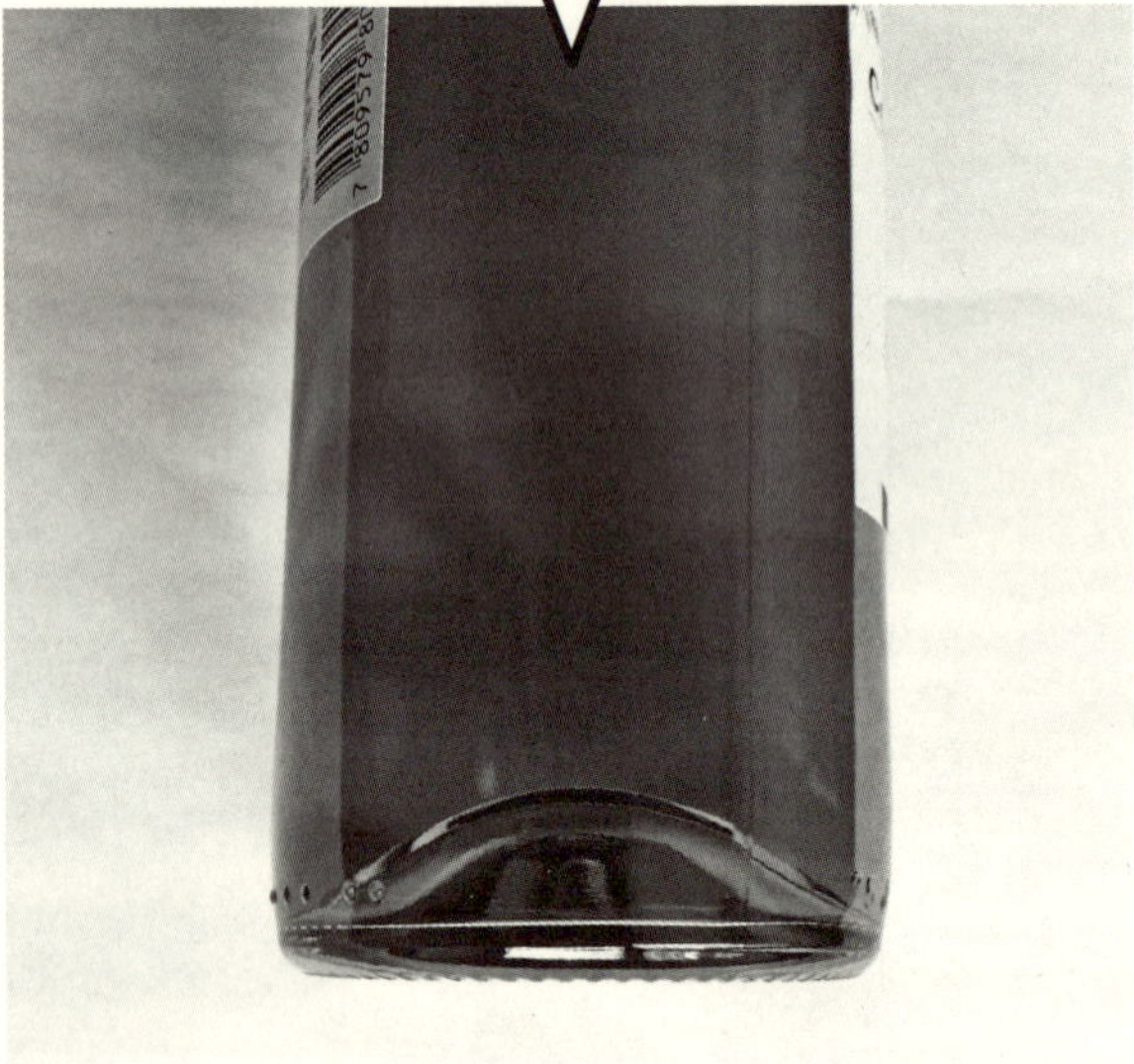

普段お酒をたしなむ人であれば、瓶をよく見てほしい。

焼酎やウイスキー、ビールなどさまざまな瓶があるが、ワインの瓶だけ、底がドーム状にくぼんでいる。まさか上げ底をして中身を節約しているわけではないだろう。とすれば、何のためなのか。

長く熟成されたワインは、澱《おり》というものが生成される。熟成途中で、渋味成分であるタンニンやポリフェノール、酒石《しゅせき》などが固まって不溶化したものだ。ワインを光にかざしたとき、底に黒っぽいものがふわふわ漂《ただよ》っていたら、それが澱だ。

上げ底になっているのは、くぼみの周りの部分にこの澱を留めるためである。澱といってもワインの成分であるため飲んでもまったく問題ないが、渋味やざらつきを感じるので飲み心地が悪くなる。グラスに注ぐときに一緒に出ないようにしているのだ。タンニンなどが出るのは赤ワインの場合だけだが、白ワインでも同様の沈殿物が生じる。それはカリウムなどのミネラルが固まったものだ。白ワインの保存状態がよい場合に多く見られるため、ワインのダイヤモンドという呼び名もある。

沈殿物があるということは、上質でしっかり熟成されている証拠。グラスへ一緒に注がなければ、歓迎すべき存在である。

Column

引越し業界では「茶色の段ボール」は使わない？

段ボールといえば茶色い箱をイメージするが、最近、白色の段ボールを使う引越し業者が増えている。白では汚れが目立ちそうなものだが、そこには理由があるのだろうか。

青、赤、白という3つの色をコーポレートカラーにしているアート引越センターによれば、段ボールは「お客様の大切な家財を入れてもらう箱なので、清潔感があり、イメージのよい白色を採用しています」とのこと。

たしかに、白は清潔感や神聖さを表わす色だ。色彩心理では、清潔感、純粋さ、新しさなどを連想させる色である。

じつは、白にはもう1つ、同じく色彩心理の視点から見て、運送業者にとってメリットとなる特徴を持っている。

人は明るい色ほど重さを軽く感じ、暗い色ほど重く感じるのである。つまり、もっとも「明度」が高い白は、もっとも軽く感じる色ということだ。

色の明度と人が感じる重さの関係性については実験でも証明されている。

黒い色をした100グラムの箱と同じ大きさの白い空箱を用意する。そして白い色の箱の重さを徐々に増やしていく。そして被験者が、白い箱と黒い箱が同じ重さになったと感じたときにストップをかける。そこで白い箱の実際の重さを量ってみると、なんと187グラムもあったという。人は色を変えただけで重量を軽く感じてしまうのだ。

感じる重さを黒色に比べて約半分にも減らしてしまう白は、まさに引越し業者に最適な色といえるだろう。

3章

要注意！　ここで降りてはいけない？
「外に出られない」駅！

――ガイドブックにもネットにも載っていない！
街も旅も楽しくなる18項

「日本一熱いメッセージ」のこもった看板

網走《あばしり》といえば、明治期につくられた網走監獄で有名な場所だ。北海道北東部の海の近くにあり、冬の冷え込みが激しい過酷な環境にあることで知られる刑務所である。

しかし現在の網走刑務所は設備の整った普通の刑務所で、明治期の監獄は博物館になっている。この網走の玄関口となるのが、ＪＲ釧網《せんもう》本線とＪＲ石北《せきほく》本線が乗り入れる網走駅である。駅前にレンガ積みが残る風情あふれる駅だ。このレンガ壁を見ると、「網走駅」と筆で書かれた大きな木の看板が掲げられていることに気がつく。

一般的には駅舎外側につける看板は、スペース上に不都合がなければ、横書きが普通だ。そもそも筆書きの看板など、ほかの駅ではあまり見られない。

この看板には、じつは深いメッセージが込められている。網走刑務所を出所した元受刑者が帰路に就《つ》くために最初に寄るのが、この網走駅である。

網走駅の職員によると、駅名を縦に書くことにより、「二度と横道にそれないように」という思いが込められているという。いつ頃設置されたのかは、記録が残っていないためにわからないが、少なくとも駅舎を改築した１９７７年当時にはかけられていたというから、40年以上も前になる。

元受刑者とはいえ１人の人間。彼らの人生を気遣った、温かいメッセージである。

「麹町」駅と「麴町」駅、正しい表記はどっち?

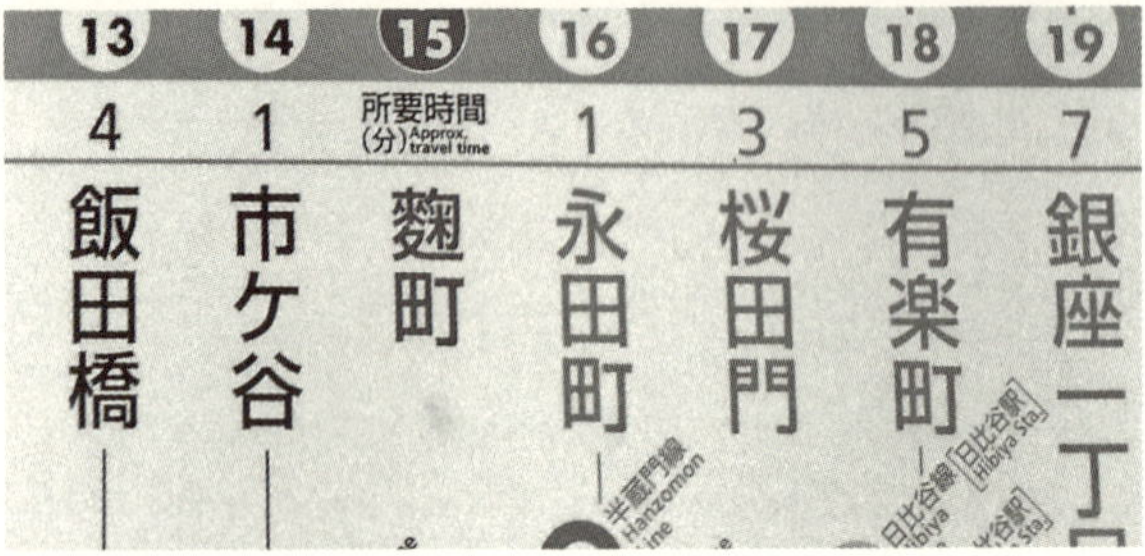

東京メトロ有楽町線の麹町《こうじまち》駅構内では不思議な光景を見られる。正字体の「麴町」と略字体（印刷標準字体）の「麹町」という表記がホーム上に混在しているのだ。またホームから上がった改札階にいって案内板を見ると、そこにも正字体の「麴町」と略字体の「麹町」が混在しているケースもある。

東京メトロによれば、正字体の「麴町」が正式な駅名であるという。また千代田区でも正式な地名表示は正字体の「麴町」である。民間の施設名などは略字体のものもあるが、基本的、公的には正字体を使っているらしい。

では、なぜ駅名標に略字体があるのか。それは東京メトロの前身である営団地下鉄（帝都高速度交通営団）が、略字体を使っていたためだ。営団地下鉄時代の駅名標や看板が構内にまだ残っているため、字体が混在しているのである。看板などは更新時期に合わせて順次取り換え、正字体の表記に直していく予定である。

この麴町の例と同様に、営団地下鉄時代と駅名表記が変わった例が隣にある市ケ谷駅である。市ケ谷駅には、東京メトロとJR線が乗り入れている。現在はどちらの駅も、「市ケ谷」と間の「ケ」が大きいものが使われているが、営団地下鉄だった頃は、地下鉄の駅名だけ、小さい「ヶ」が使われ、「市ヶ谷」と表記されていた。

いま走っているのは国道何号?

道路標識には、一時停止や徐行、駐停車禁止などさまざまな種類がある。

国道あるいは都道府県道の番号を示す標識も、その1つである。

国道は角の丸い逆三角形で、都道府県道は、横に広い六角形の形をしている。たとえば、4と書かれた逆三角形の標識があればその道は国道4号で、12と書かれた六角形の標識があれば、その道は都道府県道12号であることを示す。

そうした道路標識のなかには、見たときに戸惑うものもある。それが福島県南会津町にある一本道の脇にある標識だ。そこには、国道121号、国道352号、国道400号の標識が縦に3つ並んでいるのだ。この道はいったい何号なのか。

じつは日本の道には、常に1つの番号がついているわけではない。1本の道に対して複数の国道が重複することがある。とくに都市部では多くの国道が複雑に交差しているため、重複区間であることが多い。

ほとんどの場合、重複区間は番号の若い国道だけを表示することが多いが、一部では重複している国道を並べて表示することもある。南会津町の縦に3つ並んだ標識も、まさしく重複する国道が並んで表示されているのだ。交差点の手前に設置された行き先表示板にも、重複した国道が表示されることもあり、マニアの間で人気である。

ギネス認定の「世界でもっとも短いエスカレーター」は何段?

川崎駅の地下街「アゼリア」から、ファッションストア「川崎モアーズ」への入口には、世界でもっとも短いエスカレーターが設置されている。段数にして5段、高低差はわずか83・4センチメートルである。

「プチカレーター」という愛称の通り、所要時間も5秒かかるかどうか。正真正銘世界一短いエスカレーターとしてギネスにも認定されている。

なぜこんなにも短いのか。プチカレーターで下っても、さらに階段で5段下りなくてはいけないので、バリアフリーのためではなさそうだ。

このプチカレーターがつくられた1989年当初は、こんなに短くなるはずではなかった。アゼリアをつくる際、アゼリアから川崎モアーズへ至る地下通路の出口が、モアーズの地下1階と地下2階の間になってしまい、エスカレーターが必要になった。ところが着工後、床下に1本の太い梁《はり》が通っており、エスカレーターを通せないことが発覚。それなら工事は断念してすべて階段にしてもよさそうなもの。だが、話題になるかも……と期待して、あえて5段しかないエスカレーターをつくった。その目論《もくろ》見《み》は成功。ギネスに認定されただけではなく2013年にYouTubeで紹介された動画がきっかけで海外でも注目され、いまでは1つの観光地ともいえる場所になっている。

インドネシアとモナコの気まずい「丸かぶり」とは?

まったく同じに見える2つの国旗。じつは上がインドネシアで、下がモナコ国旗だ。

世界には似たようなデザインの国旗が多いが、なんと色とデザインが両方とも同じ国旗が存在している。国旗の上半分が赤、下半分が白というデザイン——これを国旗としている国が2つある。インドネシアとモナコだ。厳密には国旗の縦横比が、モナコは4対5、インドネシアは2対3であるため、まったく同じとはいえないものの、ほとんどその違いには気づかない。国旗がほぼ同じなのは、じつはまったくの偶然。インドネシアはアジアにある一方で、モナコはヨーロッパ。離れた土地にあり、言語や宗教も異なっているのに、なぜか同じ国旗になってしまった。

モナコの国旗が制定されたのは1818年のことだ。13世紀からモナコを支配してきたグリマルディ公家の紋章がそのまま国旗として使われている。

一方、第二次世界大戦後のオランダとの独立戦争の勝利によって建国されたインドネシアは、1945年に国旗を制定した。情熱の赤と真実の白がモチーフとなっている。歴史の古さからモナコに軍配が上がりそうにも思えるが、インドネシアの国旗も13世紀には原型があったと主張されている。

国の威信を保つためにも、国の象徴ともいえる国旗を安易に変更するわけにもいかず、両国ともに譲らないまま、今も同じデザインの旗を使い続けている。

群馬県にある土合駅は、何が「ニッポン1」なのか？

土合駅の下りホームから上りホームの方向に目を向けると、こんな景色が見られる。

群馬県と新潟県の県境近くにあるＪＲ上越線の土合《どあい》駅は、日本一の称号を持っている駅だ。

日本一の駅には、乗降客数や乗り入れ路線数など、さまざまな要素があるが、土合駅の場合は、日本一の「モグラ駅」である。モグラの由来は、上りホームが地上にある一方で、下りホームがはるか地下深くにもぐっているからだ。

地下鉄のように、地下にホームがあること自体は珍しくないが、土合駅の場合は規模が違う。駅入口と下りホームの高低差は約70メートルあり、462段もの階段で結ばれているのだ。

一面コンクリートで囲われた空間が下まで延々と続く光景は、まるで大きな地下神殿のようである。

だが、この階段を進むのは意外としんどい。エレベーターやエスカレーターなどは設置されておらず、階段を歩くほかないからだ。

途中には、長い階段で疲れた人のために休憩用のベンチも置かれている。

下りホームから地上改札口までは、軽く10分はかかる。階段下には、その旨が看板で掲げられているほどだ。

ここまで聞けば、そもそもなぜ、このような「モグラ駅」になったのだろうかと不思議に思うだろう。

なぜ上り線が地上にあるにもかかわらず、下り線だけ地下深くにホームがあるのかというと、もともとは単線の地上駅だけだったところを、1967年の複線化にともない、新たに下り線を設けたためだ。

もとの地上線を上り専用線とし、下り専用線として地下トンネルを新たに建設することになったのである。

このとき、山の中を掘り進めて1本のトンネルを通した。そして途中、地上の土合駅に近い場所に下りホームを置いたのである。

一見すると不便な駅になってしまったが、その階段の特異な景観は、いまや注目の観光名所。車で付近を訪れても、このモグラ駅を一目見ようとわざわざ下りホームまで下りる人もいるくらいだ。

Column

長野県の「八十二銀行」の意外すぎる命名エピソード

八十二銀行は長野県を拠点にしている地方銀行である。

第一勧銀（現・みずほ銀行）、第四《だいし》銀行、七十七《しちじゅうしち》銀行など、数字を名前にする銀行はほかにもあるが、この八十二銀行の由来は独特だ。

数字名が冠された理由は、１８７２年に国立銀行条例が制定されて銀行設立ブームが起きたため、乱立した数多くの銀行に認可順に番号を振ったからだ。前述の第四銀行は4番目に認可されたというわけだ。

では八十二銀行も82番目に認可された銀行だったのかといえば、じつはそうではない。

八十二銀行は、１９３１年に第十九銀行と六十三銀行が合併してできた銀行だったのである。

この合併前の2行の銀行名を見てピンときているだろう。八十二とは、合併前の行名である十九と六十三を足した数字だったのだ。

「日本橋」を見に行ったら、書かれていたのは「にほんはし」

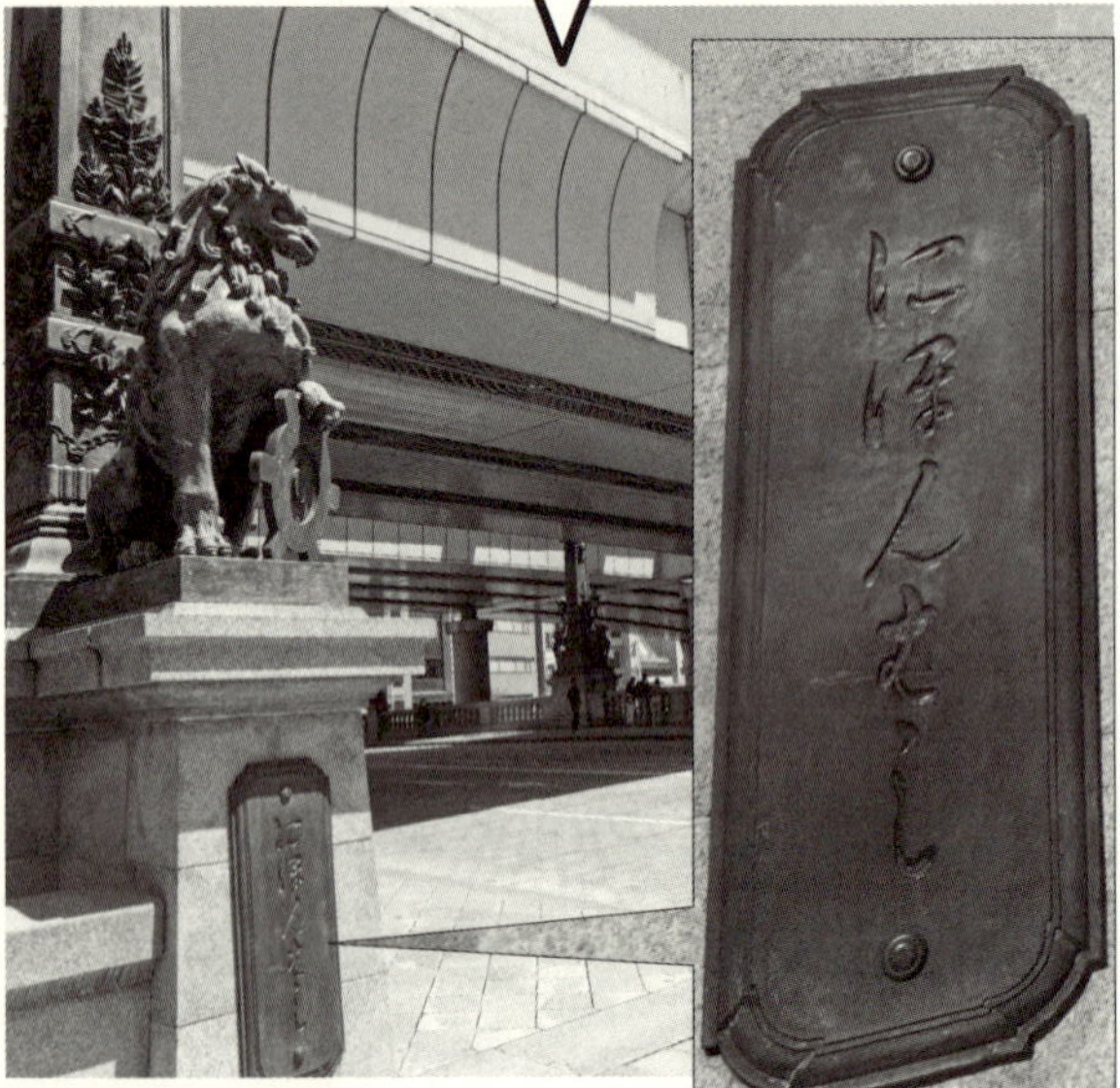

日本の重要文化財であり地域名にもなっている日本橋は、東京駅から徒歩5分の所にある。実際に足を運び、橋の欄干《らんかん》に彫られた文字をよく見てみると「にほんはし」とひらがなで記されている。呼び名は「にほんばし」のはずだが、これはいったいどうしてだろう。理由は、濁点《だくてん》があると「川が濁《にご》る」につながると考えられてきたため。濁った水は水害などを連想させるため、縁起を担《かつ》いで濁点を省いている。

じつはこのような慣習は、全国的にある。川の名前でも呼び名が「がわ」であっても、「かわ」と濁点を省いて記す例がある。たとえば兵庫県の北部を日本海へ向けて流れる円山川は、一般的に「まるやまがわ」と呼ばれるが、橋には「まるやまかわ」と表記されている。

橋や河川の名前が書かれた板は「橋名板《きょうめいばん》」というが、その表記に関しては県ごとに規定されており、表示についても規定している自治体がある。

たとえば、奈良県が策定する土木工事共通仕様書では、「銘板については（中略）『かわ』『はし』には、濁点を付けないのを標準とする」としている。また、横浜市でも橋に関わる歴史や伝統、文化を守るために2005年度に表示を「はし」とするよう道路局内部で取り決めている。

「コンビニに入ったら駅だった」（長良川鉄道）

岐阜県を縦断するように長良川鉄道が走っているが、その停車駅の1つである関口駅が話題になっている。

鉄道の駅であるにもかかわらず、どこからどう見ても、ローソンにしか見えないのだ。青地に白文字で書かれた「ＬＡＷＳＯＮ」のロゴがあるにもかかわらず、右端には「関口駅」と書かれている。いったい、なぜ駅なのにコンビニになっているのか。

長良川鉄道にくわしい話を聞いてみたところ、「じつは駅舎としての機能はない」という驚きの答えが返ってきた。

関口駅の歴史をたどると、ローソンができたのは2013年4月のことだ。以前は木造の駅舎があり、その一部に喫茶店が入っていた。だが、店主が高齢で引退することになった。

長良川鉄道が、喫茶店の代わりにその空きスペースに入るテナントを探していたところ、ローソンから声がかかった。

ローソンとしてはここへ出店することに大きなメリットがあった。近くに高校があって集客が望めるほか、ほかのコンビニが近くにない好立地だったからだ。一方、長良川鉄道としても賃料が入る。ローソンがテナントになることは、両者にとってＷＩＮ・ＷＩＮだった。

こうしてローソンが関口駅へ入ることになったが、古い木造駅舎では、コンビニ店舗として機能を果たせない。そこで、新駅舎というより、新しいローソンを建てることになったのだ。

こうして建てられたローソンには、駅舎としての機能がない。店員はいるが、駅員が常駐していないため、切符も定期券も販売していない。

関口駅から電車に乗る場合は、乗車後に整理券をもらい、降りるときに運賃を精算するシステムになっている。

ローソンと長良川鉄道は提携しており、店舗内には駅利用者のために休憩スペースも設けられている。高校生が勉強に利用するなど、すっかり街に溶け込んでいるようだ。実際、「便利になった」という声も多く聞かれているという。

Column

重量単位の「トン」って、そもそもどういう意味？

重さの単位として身近に使われている「トン」。1000キログラムを表わす単位であり、2トン車など、積載量から乗り物の大きさを示す単位としても使われる。

このトンという表記、じつは音に由来している。15世紀頃、フランスからイングランドへワインを運ぶ船の大きさを表わすときに使われ始めた言葉。このとき、酒樽を叩いた音が「トントン」という音だったことから、酒樽1個につき、1トンという単位になった。

ワインを満杯にした酒樽1個の重さは約1016キログラムだったため、以前は1016キログラム＝1トンとされていたが、現在では1000キログラムが1トンとされている。

魚が乗っている!?
謎の近鉄列車の正体

私鉄で日本最長の営業キロ数を誇る近畿日本鉄道（近鉄）は、京都線、奈良線など多くの路線を持つ。そのなかでも大阪線と山田線の2路線には、行き先表示の方向幕に「鮮魚」と記された電車が走る。鮮魚駅に向かう列車かと思いきや、鮮魚という駅はない。では、この〝鮮魚行き〟列車はどこにいくのだろうか。

じつは「鮮魚」が示すのは行き先ではなく、特別な〝乗客〟である。この列車は、三重県の漁港に水揚げされた鮮魚を大阪方面に行商しに出かける人たちを乗せる通勤列車なのである。一種の貸し切り列車というわけだ。3両の通勤列車は1日に1往復、朝に宇治山田駅を出て、そのまま夕方には大阪上本町《うえほんまち》駅を発車する。

この「鮮魚列車」のはじまりは1963年。「伊勢志摩魚行商組合連合会」の依頼によって走り始めた。それ以前は行商人たちも通常ダイヤの列車を利用していたが、荷物を1か所にまとめたり車両を限定したりと工夫をしても、魚の生臭《なまぐさ》さはぬぐえない。一般利用者への配慮から、貸し切り列車の運行が申し入れられたのだ。

同じような行商組合専用車両は、かつて京成電鉄や国鉄時代の常磐線などにも野菜列車などの愛称で存在したが、現役で走行しているのは近鉄だけ。「鮮魚列車」はもう3代目。利用者は減ってはいるものの、大阪へ新鮮な魚を届ける大切な足である。

地元民以外読めない!?
阪急梅田駅の切符の
「謎の文字」

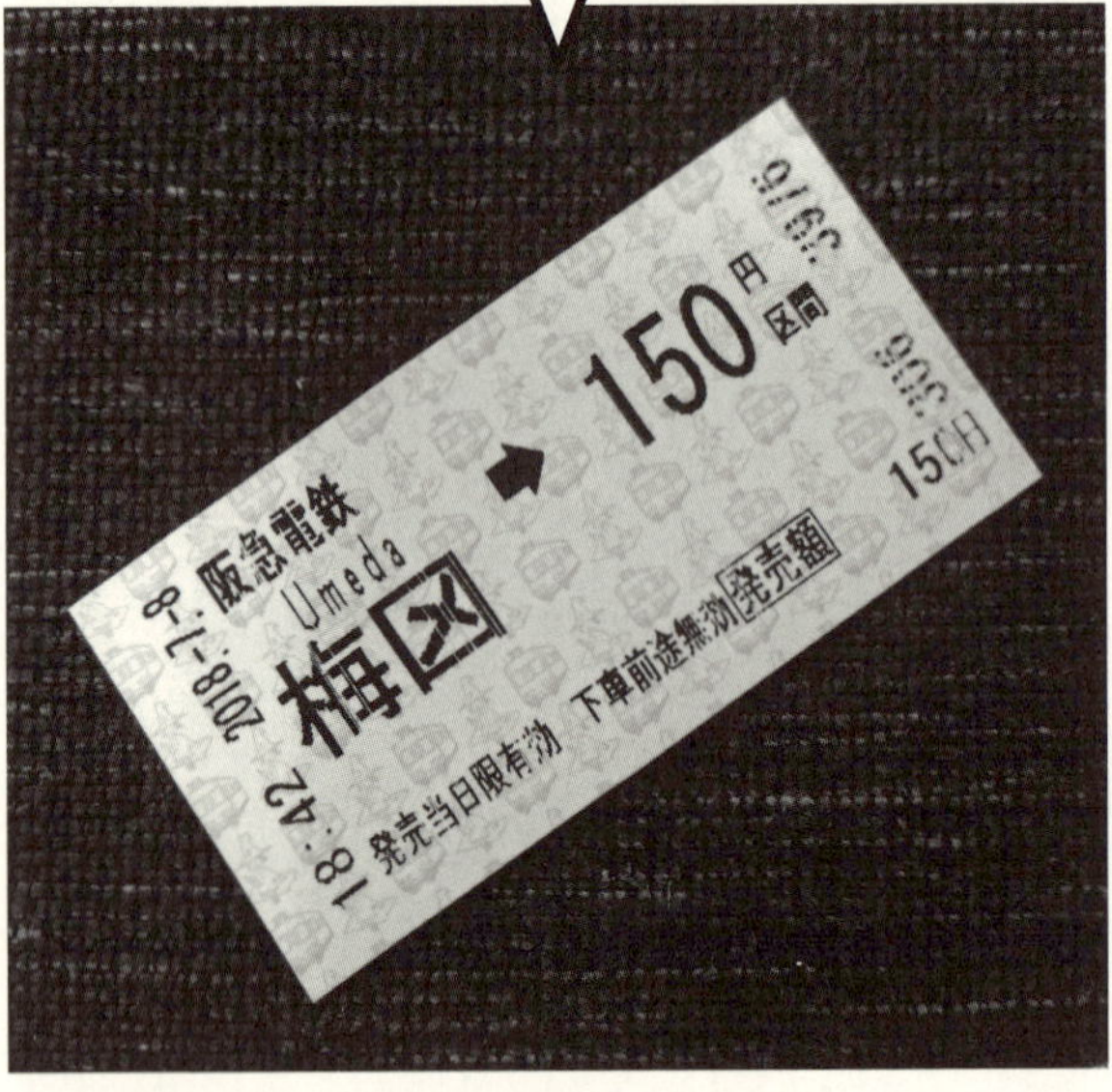

ＩＣカード乗車券の普及により、最近、切符を目にする機会はだいぶ減ってきている。だが、阪急の梅田駅を利用する際にはぜひ切符を買って、印字されたその券面を見てほしい。梅田の「田」の字は「口」の中にカタカナの「メ」を書いた、不思議な形をしているのである。切符だけでなく、定期券に印字される駅名にも、この不思議な文字が使用されている。これは、かつて駅員が検札を行なっていた際、ほかの駅名と梅田の見分けが付きやすいように生まれた工夫だという。

たしかに阪急には梅田以外に「池田」（宝塚線）、「園田」（神戸線）、「富田《とんだ》」（京都線）、「吹田《すいた》」「山田」（いずれも千里線）と、「田」のつく駅が5つもある。しかも漢字2文字なので、瞬時に切符を確認しなければならない駅員にとってはわかりづらい。そこで、もっとも利用者数の多い梅田駅の「田」を特殊な文字にすることで、瞬時にチェックできるようにした。では、この不思議な文字はいつから使われ出したのか。

正確な記録はないが、どうやら定期券は昭和30年代、切符は自動改札機が普及し始めた昭和40年代後半にはこの文字が使われていたらしい。

自動改札が主流になった現在、当初の目的から考えれば特殊な文字である必要はないが、「田」の字に戻す予定はないという。

「水陸両用車」でなければ走れない国道?

千葉県いすみ市を流れる夷隅《いすみ》川の一角。対岸の茂みに向かって、カーブしながら水面の下に道が伸びている。

新潟県の柏崎《かしわざき》市から始まる国道352号を進み、奥只見湖《おくただみこ》付近にさしかかると、雨が降ったわけでもないのに、大量の水が山から道路を横切るように流れている。「もしや土砂崩《どしゃくず》れが起こるのでは？」と心配になるかもしれないが、驚くことに、ここではこれが当たり前なのである。なぜなら、この道路はもともと川のなかを横切るように設計されているからだ。こうした場所は「洗い越し」と呼ぶ。

本来なら橋をかけるが、予算の都合で架橋《かきょう》できない場合につくられる。

驚くことに、ほかにも国道で洗い越しを見ることのできる場所がある。

金沢市と岐阜市を結ぶ国道157号の福井県と岐阜県の区間である。この国道157号は道幅が狭く、一歩間違えれば崖《がけ》の下に転落することになるため「酷道《こくどう》」として知られている。危険な道にもガードレールが設置されていないことからも予算が足りていないことが窺《うかが》えるが、洗い越しも数か所見られる。そのため、冬の間は大雪によって、それ以外の時期も台風や土砂崩れなど天候によってたびたび交通規制がかかる。

普段は道路上を通ることができる洗い越しも、大雨によって増水すると危険なポイントだ。「橋をかけるとお金がかかるので、いっそ川のなかを走ってしまおう」という逆転の発想が生んだ珍道路である。

どうやって投函する? 海面下10メートルにあるポスト

昔ながらの赤い丸型1号ポストが、青い海のなかに佇《たたず》んでいる。

そんなロマンチックな場所が和歌山県南部のすさみ町にあるのをご存じだろうか。

もっとも、海水浴感覚でフラッと訪れることのできるスポットではない。ポストがあるのは水深約10メートルという、素潜りでは難しい深さだ。「もっとも深い水中にあるポスト」としてギネスブックにも載っている。このポストは、ダイビング施設「クラブノアすさみ」前の海中にある。1999年に「南紀熊野体験博」の共催イベントとして設置された。実際に投函《とうかん》もできる。「クラブノアすさみ」でダイビングを申し込み、耐水性の専用はがき（切手代込みで1枚200円）を買って普通のはがきと同じように記入したら準備完了。あとはそれを持って潜る。

ここで1つの疑問が生じる。投函されたはがきはどのように届けられるのだろう。まさか郵便局の職員が潜って回収しているはずもない。

潜っているのは、郵便局の職員ではなく、「クラブノアすさみ」のダイバー。

郵便法では、海中にある時点では「郵便物」とみなされない。海上に引き上げられたあとに、「郵便物」として改めて郵便局員が回収しているのだ。海中ポストはダイビング施設と郵便局の協力によってポストとして機能しているのである。

こんなにある
25セント硬貨、
どれが本物か

アメリカの通貨は、ドルとセントが単位である。1ドル＝100セントで、1、5、10、20、50、100ドル紙幣があり、その下に1、5、10、25、50、100セント硬貨がある。

渡米経験がある人ならわかると思うが、この硬貨のうち、25セント硬貨にはさまざまな種類がある。それはなんと50種類以上。表面はジョージ・ワシントンの肖像だが、裏面が自由の女神像だったり、船や牛だったりと、違うものがたくさんある。

これらは1999年から2008年において行なわれた「アメリカ50州25セント硬貨プログラム」で発行された特別な25セント硬貨。アメリカの歴史と地理、多様性を学んでほしいという意図から始まった取り組みで、裏面にアメリカに50ある州の特色や歴史を取り入れた25セント硬貨をつくり、州の成立年代順に1年で5州ずつ、計50種類を発行した。たとえば、ニューヨーク州の硬貨はニューヨークの象徴ともいえる自由の女神像であり、カントリーミュージックの故郷であるテネシー州では、ギターと楽譜、トランペットにヴァイオリンがデザインされている。2009年にこのプログラムは終了したが、それ以降は50州以外にも、ワシントンDCやプエルトリコ、北マリアナ諸島、グアム島などアメリカ領の地域の硬貨も発行されている。

恐怖!?「降りても ホームから外に 出られない駅」！

路線図にも時刻表にも載っているのに、ホームから出られないヘンな駅がある。その駅は、神奈川県川崎市にあるJR鶴見線の海芝浦《うみしばうら》駅。いったいなぜ出られないのか。

海芝浦駅のホームは海の真横にあり、もちろん海側には何もない。一方陸地側には東芝の工場が立ち並んでいる。そして改札は、鉄道の出入口でありながら、そのまま東芝の工場への通用口となっているのだ。

じつは海芝浦駅の駅舎も、東芝の工場の敷地のなかにある、いわば東芝の施設。つまりJR東日本の施設ではない。改札口にも「東芝京浜事務所」と掲げられているほか、その横には従業員証などを見せなくてはならないことや関係者でなければ改札口を出ることができない旨が掲示されている。ただ、部外者であっても改札内に入ることは許されているため、ホームから海を眺めるのはOKだ。

この海芝浦駅だけでなく、鉄道ファンからはJR鶴見線全体も注目されている。駅名が変わっていることで有名だからだ。実業家・安田《やすだ》善次郎《ぜんじろう》から姓と名をとった安善《あんぜん》駅、幕末明治にかけて一帯の新田開発を行なった小野信行からとった鶴見小野駅、浅野セメントを経営していた浅野総一郎からとった浅野駅と、人名が由来となった駅名が多い。由来を知れば鉄道の旅はより一層楽しくなるだろう。

地下鉄なのに、なぜか踏切が……

都市部近郊の電車でよく話題になるのが、開かずの踏切だ。列車が多く走る朝夕のラッシュ時などでは、いくら待っても開かない遮断機《しゃだんき》に歩行者も車も辟易《へきえき》している。

その点、地下鉄は人や車の往来がないため、踏切が必要ない。たしかに踏切がある地下鉄など見たことがない。

だが日本で1か所だけ、地下鉄で踏切があるところがある。それは、東京メトロ銀座線の上野駅の近くである。地下トンネル内ではなく地上部分だ。

銀座線の車庫は地上にあるため、そこからの出入りは、地下鉄の車両とはいえ地上を通らざるを得ないのだ。踏切を渡る列車は、上野駅を出たあと稲荷町《いなりちょう》駅へ向かう途中、左へ分岐したトンネルに入り、そこから急勾配《きゅうこうばい》を上って地上に出る。

日本に唯一ある地下鉄の踏切とはいえ、地上にあるのだから普通の踏切をイメージするが、この上野にある踏切は、ほかとは違った形をしている。

一般的な踏切は、歩行者と車が通る道をふさぐ形で遮断機が下りる。上野の踏切にもこの遮断機はあるが、それとは別に線路をふさぐための扉もある。

通常、遮断機が上がっているときには線路側の扉が閉まっており、銀座線の列車が通るときだけ、車庫の係員がやってきて、手動で道路側の遮断機を下げる。

それと同時に線路側の扉が開き、列車が通過できるようになる。

線路側にも扉がついているのは、列車が来ないようにするためというよりも、一般人が侵入できないようにするためである。

というのも、銀座線の列車は動力を上にあるパンタグラフではなく、下方からとっている。線路脇に高圧電流が流れるレールを敷き、そこから電気を供給するサードレール方式という方法だ。

この高圧電流に人間が触れると大変危険なため、一般人を扉でブロックしているわけである。

実際、この扉を見てみると、「高圧通電中」「危険」「構内立入禁止」の文字が大きく書かれており、歩行者へ危険を知らせている。

Column

昔は白かったバレーボールの球がカラフルになった理由って？

テレビでバレーボールの試合を見ていると、使われている球が青や黄色、赤、白などの複数の色を組み合わせたデザインであることに気づく。バレーボールといえば白球だったという記憶がある人も多いだろうが、なぜ白からカラーになったのか。

白いボールをカラーに変えたのは、公式試合球を製作しているメーカー・株式会社ミカサ。ボールが白からカラーになれば、テレビ映えがよくなりバレーボールのイメージが高まると考えたという。

そしてミカサは早速試作に取りかかって、500種類以上のデザインを考案。そして検討した結果、現在のデザインに落ち着いた。

このミカサがつくった日本初のカラーのバレーボールは、1998年に国際バレーボール連盟によって公式球として採用された。現在では複数のメーカーがカラーのボールを製造しており、公式球になっている。

鉄道のレールは2本だと思い込んでいる人へ

左の線路と右の線路、一見同じようだがレールの本数を数えてみると……？

普段目にする鉄道は、モノレールなど特殊なものを除けば、基本的には２本のレールの上を走っている。しかし世の中にはレールが３本の鉄道が存在する。その３本レールが見られるのは、小田原～強羅《ごうら》間を結ぶ箱根登山鉄道の一区間。途中にある箱根湯本駅の１つ手前、入生田《いりうだ》駅を含むその前後の区間である。三線軌条《さんせんきじょう》といい、対応するレール幅が異なる列車を、同じ線路の上に走らせるための特殊な設備だ。

鉄道のレール幅は、１４３５ミリメートルの標準軌と１０６７ミリメートルの狭軌など、数種類が存在する。首都圏の鉄道において標準軌は、新幹線や京成電鉄、京急電鉄、都営地下鉄、箱根登山鉄道（箱根湯本～強羅間）などに採用されている。

一方、狭軌はおもなＪＲ各線や銀座線、丸ノ内線を除く東京メトロ各線、東急電鉄、京王電鉄、小田急電鉄、西武鉄道、東武鉄道、箱根登山鉄道（小田原～箱根湯本間）などに採用されている。三線軌条がある入生田駅は、小田原駅と箱根湯本駅の間にあるため、本来ならば狭軌の区間。小田急から直通運転の車両も同じ狭軌列車だ。しかし、入生田駅の横に箱根登山鉄道の車庫と工場があり、そこへ箱根湯本～強羅間を走る標準軌列車の搬入出が行なわれるため、どちらの列車も走ることができるよう、線路を３本にする必要があったのである。

駅のホームの番号を数えてみると……？

JR京都駅の構内。0番線があるのに1番線がなく、0の次が2と3になっている。

駅を利用する際、ホームの番号は当然1番線から順に並んでいると思っていると、たまに途中の番号が抜けている駅がある。東京駅や新大阪駅などにも例はあるが、ここでは京都駅を例にとってみよう。1997年9月に完成した新しい京都駅には、0番線がある。その向かい側にあるのは、1番線ではなく2番線。1番線だけが抜けているのである。かつての京都駅では、乗客案内用の番号と運転番線がズレていた。運転番線とは、職員のみが使う線路の番号のことで、ホームがなくても線路ごとに振られている。

京都駅では1992年にはじまった駅ビル工事により1番線のホームが拡張され、乗り入れていた運転番線1番を廃止している。そのため、1番線に発着するのは、運転番線2番を走る列車になっていた。そのまま1つずつ番号がズレていたのだ。

番号がズレていても運用上の問題はなかったが、乗務員が案内用の番号ではなく、誤って運転番線を案内するケースが起きた。そこで、職員の混乱を防ぐために案内用の番号と運転番線の数字を一致させることになった。このとき、仮に1番線と運転番線1番を合わせると、3番線以降の番号をすべて変える必要がある。そのため、1番線を0番線にして、それ以降の番号をもとの数字で合わせたのである。

「厚木駅」なのに厚木市にない!?

厚木市にないなら、いったいどこに？　正解はローマ字表記の下にある。

「厚木」といえば、戦後マッカーサーが専用機から降り立ち米軍が集結した厚木基地のイメージから、アメリカナイズされたモダンな街が連想されるだろう。

しかし、小田急線の厚木駅に足を運ぶと、そんな期待は裏切られる。厚木駅は閑静《かんせい》な住宅地や農地のど真ん中に位置しているのである。

しかも厚木と冠《かん》していながら、厚木市ではなく、その所在地は海老名《えびな》市。海老名市は、相模川の西側に広がる厚木市から見ると、相模川を挟んだ東側に位置する自治体だ。

その証拠に、駅名標には「神奈川県海老名市」と書かれている。厚木市にあるのは、厚木駅よりも1つ小田原寄りにある「本厚木駅」だ。

なぜ厚木駅が、海老名市にできたのか。

海老名市に厚木駅ができたのは、1926年のこと。

このとき、当時の神中《じんちゅう》鉄道（現・相鉄本線）が、横浜から相模川まで路線を延ばした。また、当時の相模鉄道（現・JR相模線）も茅ヶ崎駅から北上して相模川東岸の海老名市域に線路を延ばした。そして相模川東岸に、神中鉄道、相模鉄道両線の接続駅をつくることになった。

このとき神中鉄道は、将来的に相模川を越えた厚木まで線路を延ばすことを予定していた。そこで、厚木への玄関口という意味を込め、海老名市につくった駅にもかかわらず「厚木駅」と名づけたのだ。

この厚木駅は１９４１年に廃止されるが、その近くにあった小田急線と相模鉄道が乗り入れていた河原口駅が、１９４４年に厚木駅へ改称している。これが現在の厚木駅である。

この改称の際、厚木市側にあった小田急線の「相模厚木駅」が、本厚木駅へと改称した。「こちらが本来の厚木です」という意味を込めたという。

こうして、厚木市でない場所に厚木駅があり、本来の厚木市に本厚木駅があるという奇妙な状況が生まれたのである。

Column

東京都荒川区に荒川は「流れている？　いない？」

東京23区の1つ荒川区は、荒川にちなんでつけられた名前を冠している。だが地図を見ると、荒川は区域の東隣にある墨田《すみだ》区内を南北に流れており、荒川区内にはかからない。荒川区を流れるのは、墨田区との境にある隅田《すみだ》川である。

じつは1932年に荒川区と名づけられた当初は、荒川は区内を流れていた。現在の隅田川の流れが、荒川と呼ばれていたのである。

だが当時、一帯では治水のために荒川を分流する工事が行なわれていた。北区の岩淵で東側から海に注ぐ新しい川を開削したのである。これが現在の荒川で、正式名称は荒川放水路である。

そして1965年の河川法改定により、荒川放水路が正式な荒川の本流となったために、もとの荒川は下流側で呼ばれていた隅田川という名前になった。そのため、荒川区には隅田川が流れているのに、荒川がないのである。

4章

タテジマの「カツオ」が、興奮するとヨコジマに!?

――見ているようで見ていなかった! 実はスゴイ14項

タテジマのカツオがヨコジマに変身?

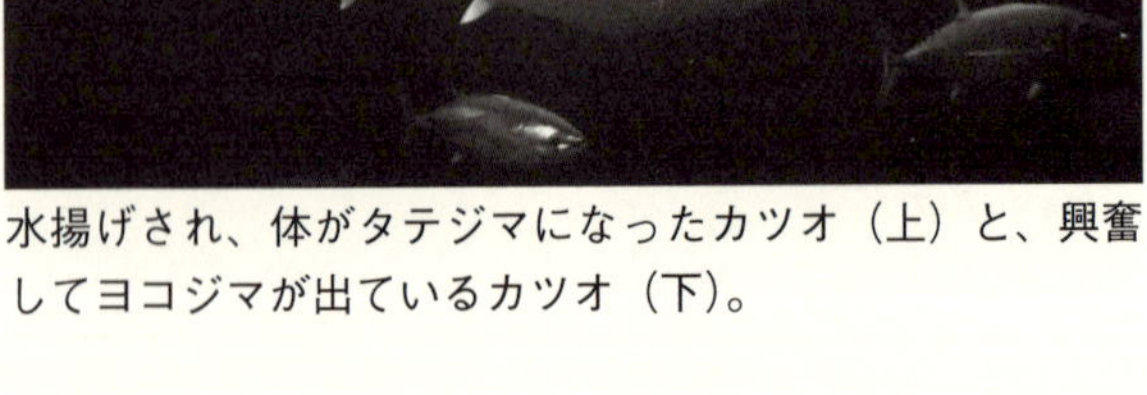

水揚げされ、体がタテジマになったカツオ（上）と、興奮してヨコジマが出ているカツオ（下）。

タタキや削り節《けず》などで目にする機会の多いカツオ。魚屋やスーパーの鮮魚コーナーで見ると、1尾は約40~60センチメートルほどと意外と大きい。

このとき、カツオの体の表面を注意深く観察すると、シマ模様があることに気づくだろう。お腹に数本のきれいな黒い筋が入っている。この模様は、頭を上としてタテジマと呼ばれる。

だがある一時だけ、ヨコジマになる瞬間がある。ヨコジマとは、文字通りタテジマと直角になるシマ模様のことだ。

それはカツオが興奮したとき。カツオがエサを食べていたり、繁殖のためにオスがメスを追い回していたり、釣り上げられないよう必死で抵抗したり、といった状態になっているとき、カツオの身体には通常のタテジマとは異なるヨコジマが現われるのだ。

このカツオのヨコジマ、数秒間しか現われないもので、非常に珍しい瞬間である。地上で生活している人間には、釣りあげた瞬間以外はほとんど見る機会はないが、水族館でエサやりの時間などの一瞬、ヨコジマが現われることがある。是非とも目にしてみたい瞬間だ。

日本の蚊取り線香のなかで、「金鳥」だけが左巻き!

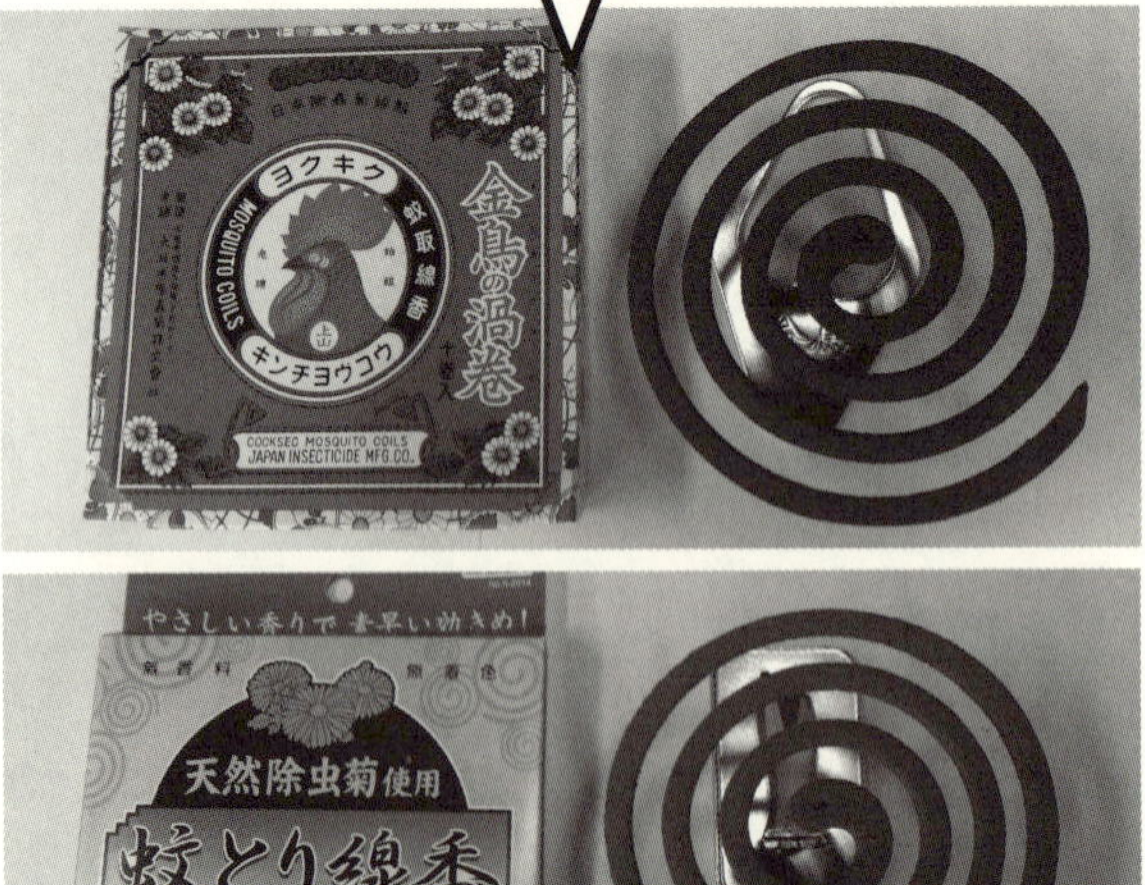

蚊《か》取り線香を見ると、夏を感じるとともに、少しなつかしい気分になる人も多いだろう。電気式蚊取器も登場しているが、まだ多くの家庭で使われている。

蚊取り線香の一番の特徴は、その渦《うず》を巻いた形だが、それには理由がある。蚊取り線香の原料である除虫菊が輸入され始めたのは1886年頃。蚊を追い払うため、火にくべて使われていた粉末状の除虫菊を練《ね》り、使いやすい線香の形にして商品化したのが「金鳥」ブランドで知られる大日本除虫菊の初代社長・上山英一郎氏だ。室内で使いやすい棒状線香「金鳥香」はよく売れたが、燃焼時間が短いという欠点があった。かといってあまり長くすると途中で折れてしまう。悩んだ上山氏が妻に相談したところ「渦巻き型にすればいいんじゃない?」とアドバイスをもらった。

このことを境に1902年、渦巻き型の蚊取り線香が誕生。燃焼時間が延びたことで、売り上げも伸びていった。この金鳥の蚊取り線香の形にはさらなる秘密がある。

じつは、金鳥の製品だけ「左巻き」なのである。金鳥の蚊取り線香が売れると、類似品が出てきた。金鳥も含めてもとはすべて右巻きだったが、大日本除虫菊ではそれらと差別化するために、1959年に左巻きに変えたのだという。たしかに、アース製薬やフマキラーの蚊取り線香を見ると、全部が右巻きで、金鳥だけが左巻きである。

硬式テニスボールが「ケース入り」で売られているワケ

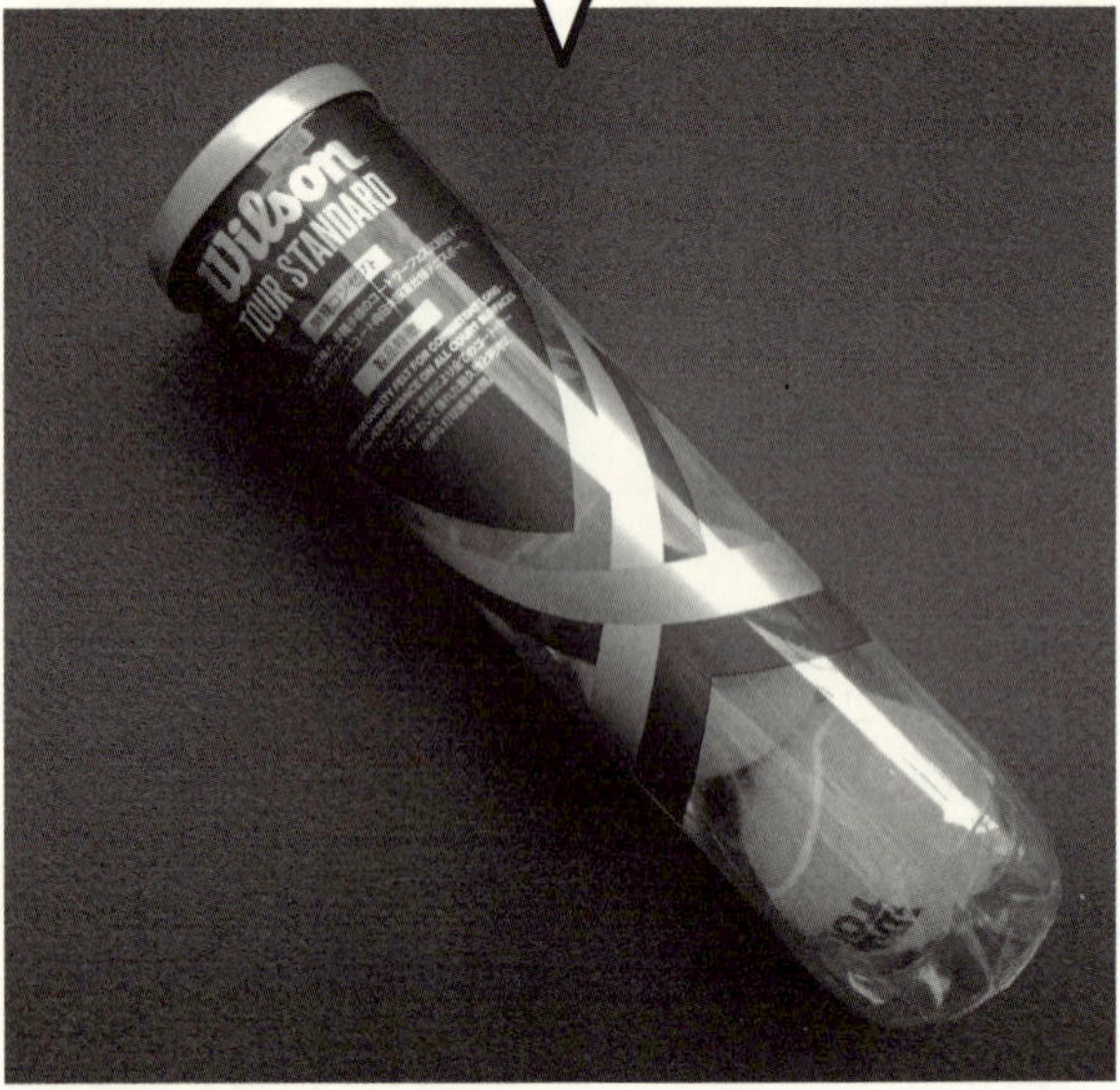

スポーツ用品店へいくと、サッカーボールやバレーボールの球がそのまま売られているのに対し、テニスボールだけがケース入りで売られている。これは何も、高級感を演出するためにケースに入れて販売しているわけではない。

理由は、ケースの内部の圧力によってボールの劣化を防いでいるからだ。

テニスボールには、ほかのボールと違い空気穴がない。空気穴には注入のための弁が必要だが、これがテニスボールにあると、重心の位置がズレて、正確なボールの軌道でなくなってしまう。テニスボールが劣化して空気が抜けると、空気穴がなくもとに戻せない。購入前の劣化を防ぐためにケース入りになっているわけである。

ではテニスボールはどうやってつくられているのか。テニスボールの表面はフェルトだが、なかにはゴムボールが入っている。半球状のゴムを2つ製造し、それらを合わせて1つのボールにするという工程でつくるが、その接着前に、ボール内部に特殊な薬品を入れておく。その薬品は接着後、ボールのなかで化学反応を起こして窒素ガスを発生させ、内部の圧力を大気圧の2倍にする。

こうしてつくられたテニスボールは、購入後にケースから出した時点から劣化していく。一般的には3か月から半年がボールの寿命だといわれている。

ボクシングのサンドバッグに「砂」は入っているか

ボクサーの練習といえば、サンドバッグに向かってパンチを繰り出す姿だろうか。このサンドバッグにはその名の通り砂が入っていると思われがちだが、砂は1粒も入っていない。水害の対策や工事現場で使われる土囊《どのう》を思い浮かべてもらえばわかるだろうが、砂を集めるとかなりの重量がある。

実際に布に砂を詰めて吊るしてみると、砂は湿気と重みで固まってしまう。さすがのボクサーでも、そんな硬いものを殴ると拳《こぶし》を傷めてしまい、練習どころではない。

では、砂でなければいったい何が入っているのか。ボクシング用品メーカーによると、サンドバッグの中身はメリヤス、フェルト、ナイロンの生地やスポンジなどの布切れだという。「サンドバッグ」と呼ぶのは日本だけで、海外では「トレーニングバッグ」や「パンチングバッグ」と呼ぶのが一般的である。日本ではなぜ「サンドバッグ」と呼んでいるのだろうか。それは、日本にボクシングが伝わったとき、トレーニングバッグも持ち込まれたのだが、中身は抜かれていて、当時の日本人には何を入れるのかわからなかったからだ。そこで、とりあえず砂を詰めてみたのである。もちろん前に述べた通り、いざ使ってみると硬くて使えなかった。中身は入れ替えられたのだが「サンドバッグ」という呼び名だけが定着してしまった、というわけだ。

F1レーシングカーのタイヤは、なぜ「ツルッツル」？

近くにある車やバイクのタイヤを見ると、表面に溝が刻まれていることがわかるだろう。タイヤを1周する縦溝とその間に刻まれた細かな横溝がある。

だがF1《エフワン》のレーシングカーを見ると、溝がまったくないか、あるいは非常に浅い溝しかない。スリックタイヤと呼ばれるF1独特のものだが、いったいなぜなのか。

タイヤの溝がある場合とない場合とでは、ブレーキのかかり具合と走行性能が異なる。タイヤの溝がないと、接地面積が大きくなる。すると、タイヤの駆動力がしっかりと伝わり、走行性能が高まる。

そのためF1では溝のない特別なタイヤを使っているのである。

だがそれは路面が乾いているときの話。雨が降るとスリックタイヤは危険なものに変わる。通常のタイヤでは、縦溝がタイヤと路面の間にある水を排水し、それを横溝が補助する役割を持ちながら、カーブ時の横滑りを防ぐ。

溝がないスリックタイヤの場合、タイヤは水の上に浮いた状態となり、ブレーキが効きにくくなる。ときにハンドルをとられ、横滑りする危険性もある。この状態をハイドロプレーニング現象と呼ぶ。こうした危険から、F1でも溝のないタイヤは路面が乾いているときだけ。雨の日は溝が刻まれたタイヤを使っている。

「碁石」の白と黒を見比べたことがありますか

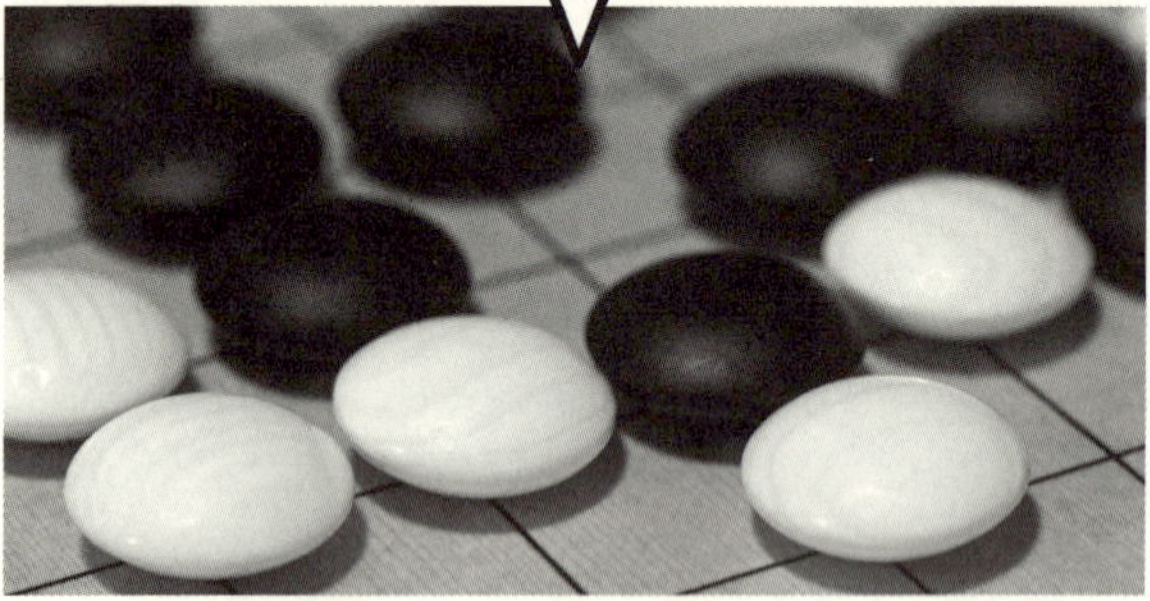

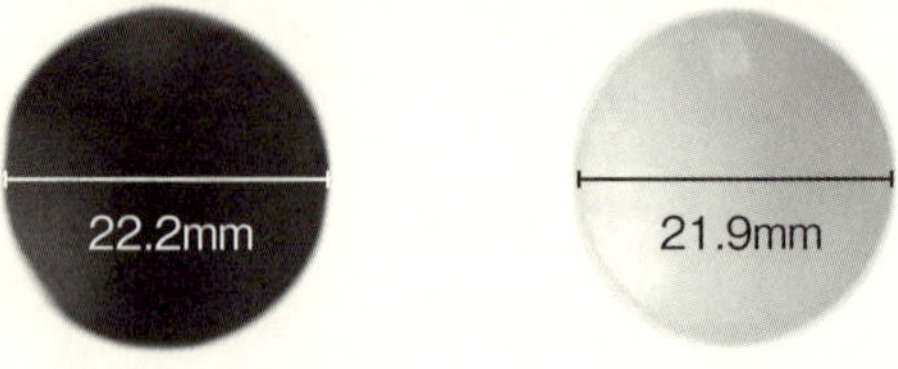

囲碁は古くからのテーブルゲームである。白と黒の碁石を使い、自分の色の石で囲んだ領域の広さを争う。この碁石の大きさには、ある工夫が施されている。

一見すると同じ大きさに見えるが、白のほうが若干小さいのだ。白は直径21・9ミリメートルである一方、黒は22・2ミリメートルある。

また厚さも違い、白は黒よりも0・6ミリメートルも薄い。厚さは品質の等級によっても異なるが、この0・6ミリメートルの差は変わらない。

白が全体的に小ぶりなのは、目の錯覚に対応しているからだ。

白は膨張色であり、物体を大きく見せる効果がある。もし白と黒を同じ大きさの碁石にすると、盤面全体を見渡したときに白の占めている面積のほうが大きく見えてしまうからだ。

白と黒の駒を使うテーブルゲームといえばもう一つ、オセロがある。オセロの場合、駒の両面に白と黒があるため、当然、大きさは同じである。

だがこの駒の直径3・5センチメートルという数字には秘密がある。もし子どもが誤って口に入れたとき、飲み込むことができないサイズにしている。

普段目にするテーブルゲームにも、さまざまな工夫が隠されているものである。

コックさんの制服には工夫がいっぱい

真っ白でシンプル、それでいてお洒落《しゃれ》に見えるコックコートには、秘密がある。たとえば、胸元を彩《いろど》るスカーフは、お洒落のためではなく、冷蔵庫に入るときに首元を寒さから守るための防寒用だ。同じく、コックコートの前身ごろが重ねられているのにも理由がある。前身ごろの左前身ごろと右前身ごろにはそれぞれ2枚、合計4枚もの生地が使われている。なぜこんなに重ねるのかというと、コックの身の安全を守るためだ。調理をしていると火や油が跳ねることが多い。そうした場面で火傷《やけど》をすることがないよう、コンロに向かう身体の前部分が分厚くなっているのである。

身を守るための工夫といえば、その前身ごろについているたくさんのボタンにも秘密が隠されている。現在はいろいろなボタンが使われているが、本来コックコートのボタンには綿が詰められている。これは、包丁や割れ物で手を切ってしまった際、綿を出して手当てに使えるようにという備えである。1943年に創業してからコックコートを作り続けている株式会社傳馬屋《てんまや》によると、コックコートが日本に入ってきたのは江戸末期～明治初期頃。この頃から基本のデザインは変わっていないようだ。

長く調理場で使われてきたユニフォームだからこそ、仕事に合わせたたくさんの工夫が詰まっているのである。

「無料ロッカー」なのに、なぜ100円玉を入れねばならんのか!!

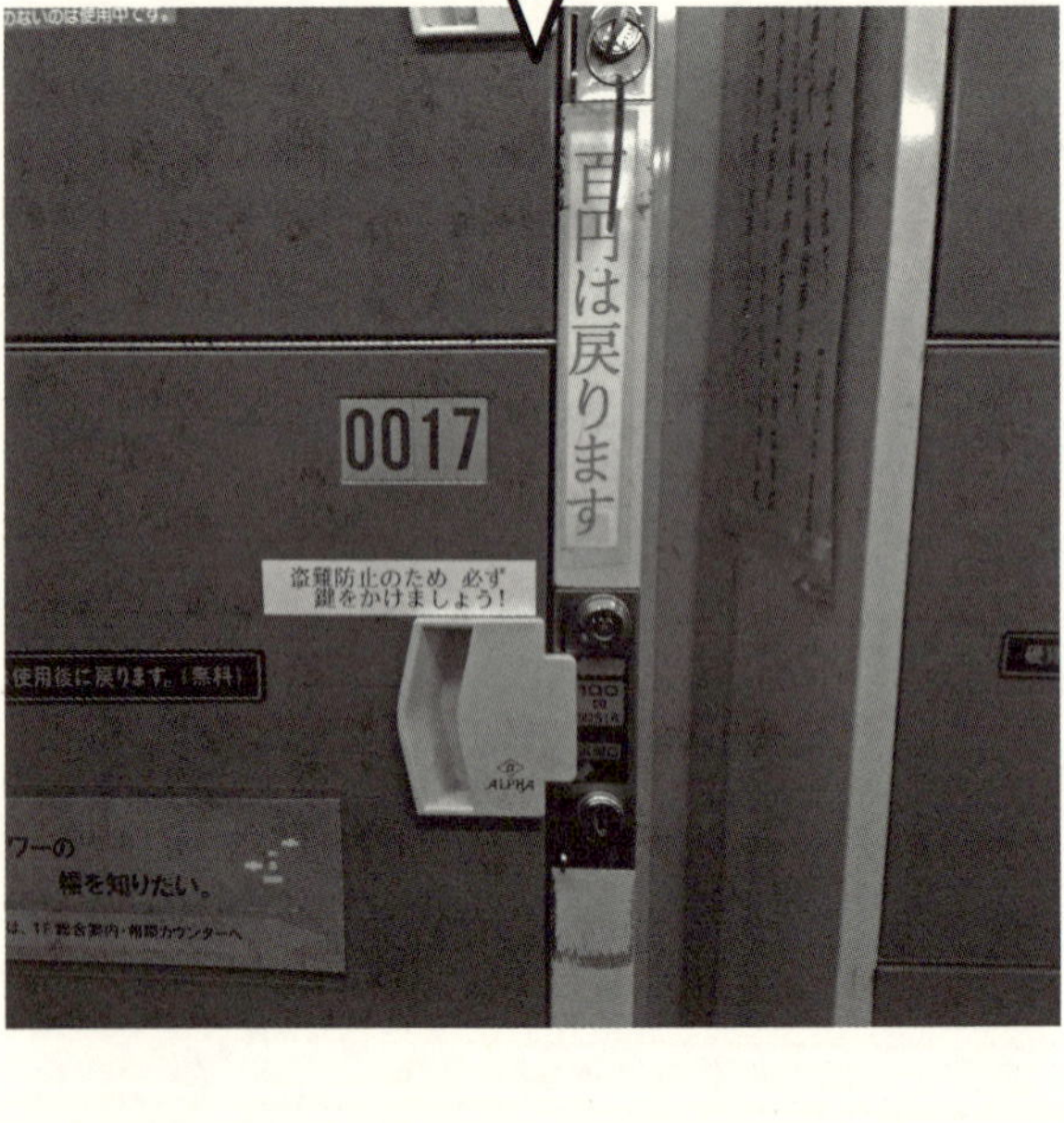

図書館やスーパー銭湯などには、コインロッカーが設置されている。100円玉を入れて施錠し、開錠したら戻る仕組みだ。しかし無料とはいえ、いちいち100円玉を入れるのは少々面倒である。100円玉が手元にないときは両替する必要もある。

じつはこの一見面倒に思えるシステムに、利用者は知らない意外な効果が隠されている。ロッカーを製造しているメーカーによると、この仕組みにしているのは、客が鍵を持ち帰ってしまうことを抑止するためだという。

鍵がなくなると、施設側は2000円以上の費用をかけて鍵の交換をしなければいけない。そこでお金を払うようにすれば鍵の持ち帰りも減るだろうと、100円玉を入れるシステムを導入したのだ。

また、スーパー銭湯などでは、さらに別の理由がある。上着など荷物の多い人が2つ以上ロッカーを使ってしまうと、混み合った場合、ほかの客が使うロッカーが不足することがある。そこで、100円玉を入れるというハードルを設けることによって、少しでも複数利用を防止しようというわけだ。100円玉は戻るが、一定の抑止効果は上がるという。つまり、鍵の持ち帰りやロッカーの占領といったマナー違反が起きてしまうために、わざわざ面倒なシステムを採用しているのである。

電柱に巻かれている グレーのイボイボシートは 何のため?

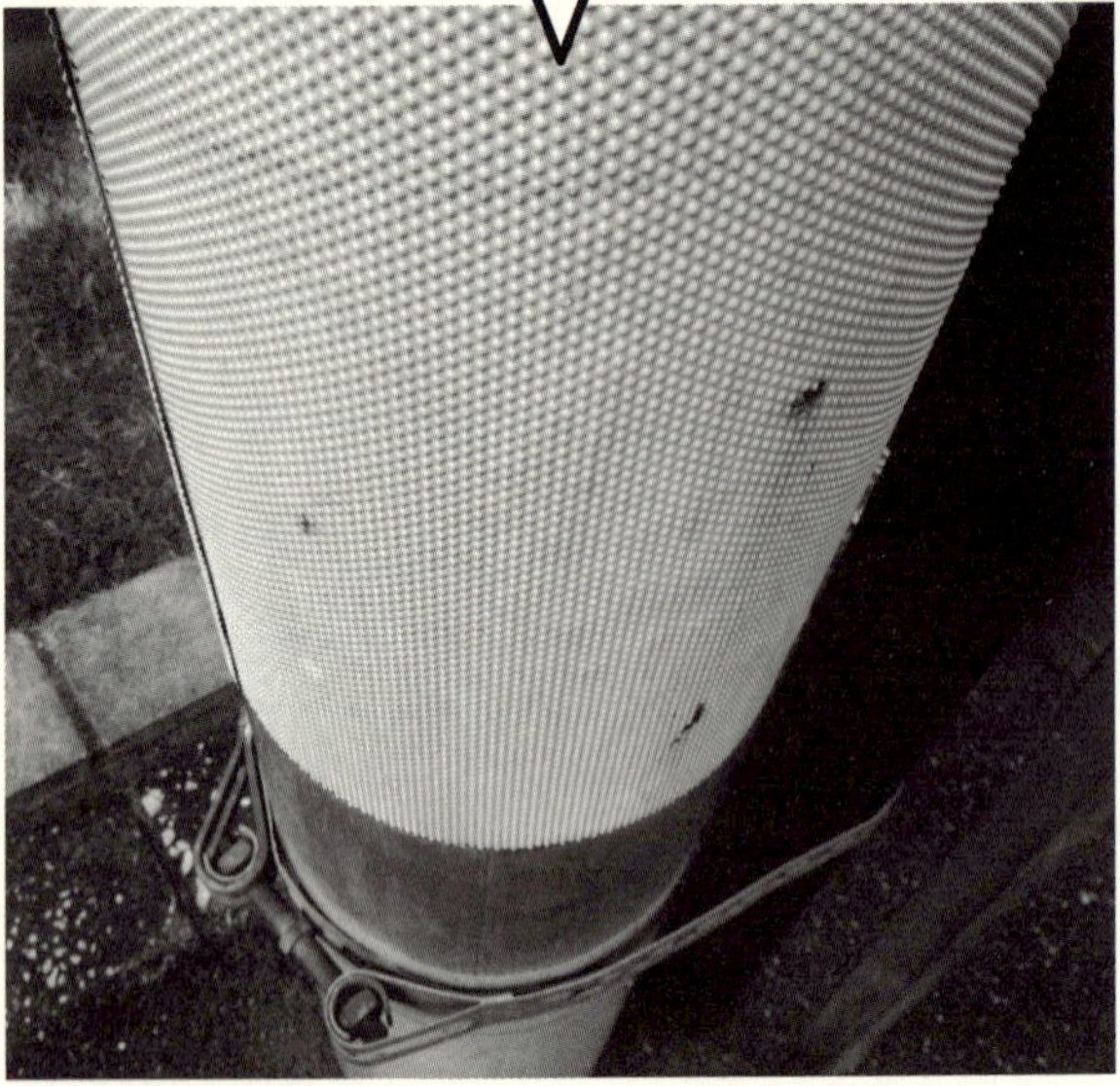

街中にある電信柱をよく見てみると、表面にブツブツや凹凸があるシートが巻かれている。これはポールガードと呼ばれる。その名前からして電信柱を衝撃から守るものかというと、そうではない。チラシ、ポスターなどを貼られないようにするためだ。凹凸があると、接着面が少なくなり貼りづらくなる。万一、貼られたとしても、凹凸があるため間に空気の層ができることで剝《は》がしやすくなる。

張り紙はそもそも無断で貼ってはいけないもの。電信柱以外にも、信号機や人家の壁などに勝手に貼れば、それは違法である。

だが、罰するには現行犯しかない。かといって、それを取り締まるために警察官を常にその場に留まらせておくのは不可能である。

そこでポールガードが違法な張り紙を未然に防いでいるのである。

この張り紙防止の措置は、信号機にも施されている。

一部の信号機では、機械が入っている箱型の信号制御機や、信号機を支える柱の表面に、凹凸の仕様がある。これもまさしく張り紙防止のため。

なお、これらのポールガードの一部は暗いなかで光が当たると白く浮き出て見えるものもあり、接触事故を防ぐ目的で低い位置から巻かれていることもある。

AMラジオの周波数が必ず「9の倍数」なのはなぜ?

594、954、1242、1422……。

この数字を見て、AMラジオの周波数だと気づく人は少ないかもしれない。

一見、ランダムに並んだ数字だが、ここにはある法則性が存在する。すべての数字が、9の倍数になっているのだ。ではいったいなぜ9なのか。

日本のAMラジオが使うことのできる周波数帯は531〜1602キロヘルツと世界的に取り決められており、この範囲内で各ラジオ局に周波数を割り当てる。周波数が近すぎると混信するため、間隔を空ける必要があった。その間隔を検討していたとき、国際的に割り当てられた上限と下限の数字が、偶然にも9の倍数になっていた。そこで9キロヘルツごとに区切った数字を各ラジオ局に振り分けたのである。

3桁《けた》以上の数字を見て、とっさに9の倍数かどうかを判断するのは難しいだろう。

しかし、「1422→1＋4＋2＋2」のように、桁ごとに全部の数字を足してみると一瞬で判別できる。その和が9または18になるようにできているのだ。たとえば冒頭の数字、594では「5＋9＋4＝18」、「1242」では、「1＋2＋4＋2＝9」となり、たしかに9の倍数になっている。

あなたが出した郵便物に知らないうちに書き加えられている暗号

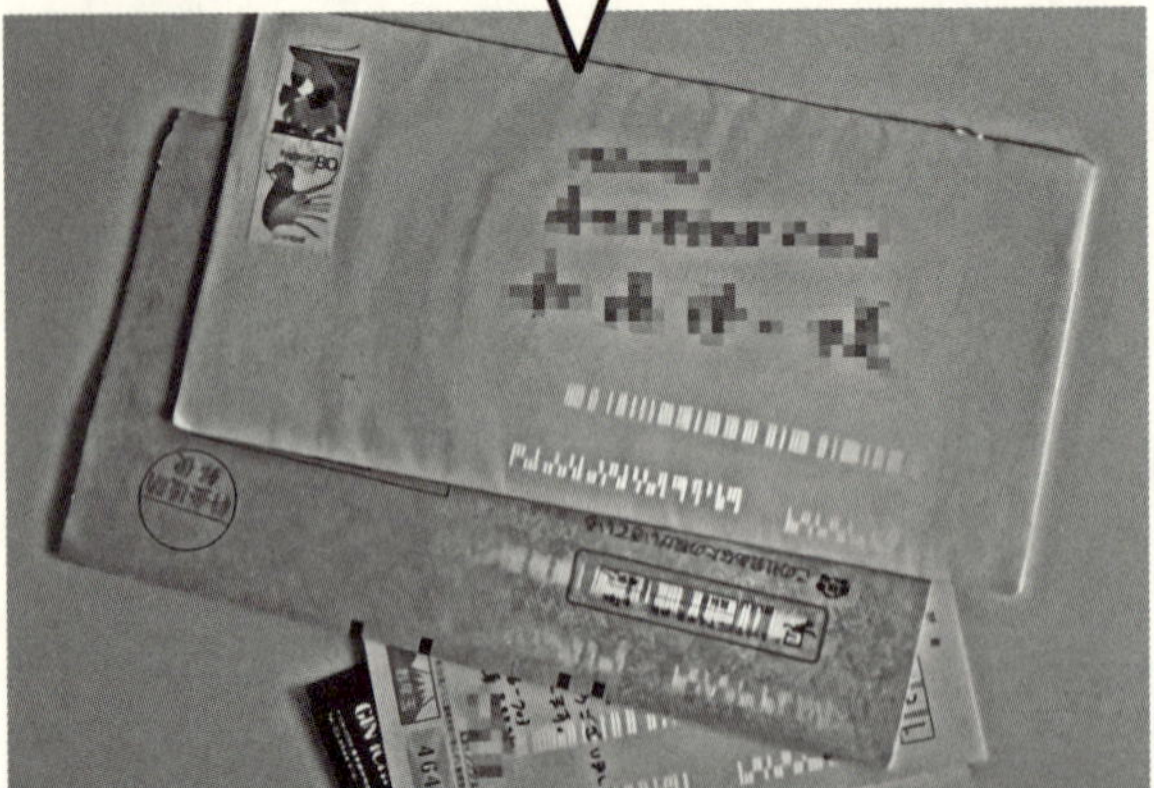

ブラックライトを当てるとバーコードが浮かび上がってくる。

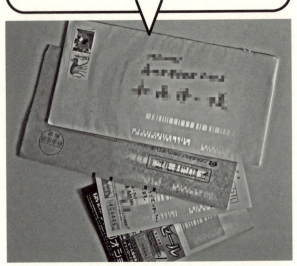

年末ともなれば、郵便局には約25億枚の年賀はがきが集まってくる。これを手作業であて先の地区ごとに分類していては、いくら時間があっても足りない。当然、機械によって分類されるのだが、このとき役立つのがバーコードだ。ポストや窓口から集められた郵便物は、まず機械に通される。その際、届け先の郵便番号や番地を記号化したバーコードが印刷される。しかし、家に届いたはがきを見てもそんなバーコードは見当たらない。どこにバーコードが印刷されているのだろうか。

じつは郵便物のバーコードは目には見えない特殊なインクで印刷されている。インクは赤外線か紫外線を当てると光る仕組みで、紫外線を放射するブラックライトを使えばバーコードを見つけることができる。ブラックライトを持っている人は是非はがきにかざしてみてほしい。バーコードを見えないようにしているのは、書かれた文字と重なって肝心の文字が読めないという問題が起きないようにするためだ。

また、切手のようにわざわざバーコード用のスペースをつくる必要がないので、書ける面積が限られたはがきなどにはもってこい。人間の目には見えないバーコードだが、機械が読み取って届け先の区域ごとに分類してくれる。だから年賀はがきが大量に集まる年末でも、元日にはきちんと家に年賀はがきが届けられるというわけだ。

銭湯の桶はなぜ どこへ行っても 「ケロリン」なのか?

銭湯の洗い場で目にするものといえば、「頭痛・生理痛・歯痛ケロリン　内外薬品」と書かれた黄色い桶《おけ》だ。「ケロリン」は、内外薬品株式会社が販売している鎮痛剤の商品名だ。大正末期頃、同社が開発した家庭の置き薬として利用しやすい粉末状の鎮痛剤に「ケロッと痛みが治る」という意味でつけた名前が「ケロリン」である。では、どうしてこの「ケロリン」の湯桶が全国の銭湯に置かれているのか。

１９６３年に広告代理店の睦和商事（２０１３年に廃業）が、コマーシャルを入れた湯桶を思いついたのがはじまりである。ちょうど衛生上の問題から、それまで木製だった銭湯の湯桶が合成樹脂製に切り替えられようとしていた時期で、新しい湯桶の需要が高まっていた。全国どこにでもあった銭湯の湯桶は、絶好の宣伝媒体になる。睦和商事はケロリンを全国に広めるために奮闘していた内外薬品に、湯桶を使った広告の話を持ち込んだ。そして独占契約が決まり、ケロリン桶が誕生したのである。ケロリン桶は、まず東京駅八重洲口の「東京温泉」で試験的に使用されたのち、全国の温泉や銭湯を渡り歩く営業活動の結果、全国に広がっていった。銭湯が少なくなってきた昨今だが、旅館やホテル、ゴルフ場、公共施設など、いまやケロリン桶は内外薬品の手によって設置場所を広げている。

名古屋城の
本物のシャチホコは
茶釜になりましたとさ

名古屋城といえば、天守閣の上に燦然《さんぜん》と輝く金のシャチホコが有名だが、じつは現在のシャチホコは2代目である。

ではは初代のシャチホコはどうなったのか。じつは現在、シャチホコではなく茶釜に姿を変えて名古屋城の収蔵庫に収まっている。江戸時代につくられた城のシンボルが茶釜になっているとは驚きだが、その経緯は戦時中にまでさかのぼる。

初代のシャチホコは、戦時中までは天守閣の上に乗っていた。だが１９４５年５月、初代のシャチホコは米軍による空襲をまともに食らってしまう。

当時名古屋城では、空襲に備え、可能な限りほとんどのものを取り外して付近の神社などへ疎開させていた。しかし、南側にあったメスのシャチホコを途中まで降ろしていたとき、空襲に見舞われたのである。そこで天守閣ごとシャチホコも焼失した。

だが焼け跡を探していると、シャチホコはかろうじて、約6キログラムの金の燃えがらとして残っていた。一時期は米軍に接収されたものの、１９６７年に名古屋市へ返還。市では、この金の燃えがらをいかに残すか討議したところ、茶釜につくり直すことに決定したのである。

現在、名古屋城にある二の丸茶亭では、茶釜のレプリカでお茶を飲むことができる。

タチウオは名前の通り、「立って泳ぐ」のか

スーパーで見かけるタチウオといえば、すでに切り身として売られているものだろう。煮つけや塩焼きのほか、フライ、ムニエルなど幅広く使える。

このタチウオ、実際に見ると変わった見た目をしている。大きな背びれと小さな胸びれしかなく、細長い身体だ。この外見が太刀のように見えたことから、江戸時代に太刀魚と名づけられたといわれている。

しかしもう1つ、タチウオと呼ばれるに至った説がある。それは、立って泳ぐから。泳ぐ力が弱いタチウオは、海中にいるとき、頭を上にして立ち、もっぱら上下の移動を行なう。立ったまま頭上にエサが来るのをじっと待ち、近づいたところで素早く下から獲る。一瞬で確実に獲物をキャッチするために、大きな口には鋭い歯が並んでいる。

切り身などでは頻繁に目にするが、店の生簀《いけす》で泳ぐ姿などは、まず見られない。というのも、タチウオは鱗《うろこ》がないため皮膚が弱く、無傷での捕獲が非常に難しいためだ。

水族館が展示のために捕獲する際は、釣り上げたのち、決して触れないように注意しながら生簀に入れ、大きなバケツですくって水槽へ運ばなければならない。食べる分にはよく見かけるが、立っている姿を見るのは珍しい。

Column

どんちゃん騒ぎの「どんちゃん」ってどんな音？

普段私たちが話している慣れ親しんだ日本語のなかには、日本語らしからぬ響きをもつものも少なくない。そうした言葉の語源を探ると、興味深い由来にたどりつくことがある。

たとえば、宴会などで大騒ぎするさまをどんちゃん騒ぎというが、この「どんちゃん」するとは、具体的にどんな騒ぎ方なのか。

語源となったのは、鳴り物である。

「どん」は太鼓の音で、「ちゃん」は鉦《かね》。芝居で使われた楽器で、合戦シーンなど盛り上げる必要のある場面で使われた。

ここから、盛り上がる宴会をどんちゃん騒ぎというようになったのである。

同様に「ちゃんぽん」の語源も鳴り物だ。

鉦が「ちゃん」、鼓《つづみ》は「ぽん」と鳴ることから、性質が異なるものが混在するさまを表わすようになった。肉や海産物など多様な食材が混ざった長崎ちゃんぽんや、違う種類の酒を飲むさまなどで使われる。

ほかにも、音楽が語源となった言葉として「やたら」がある。

やたらと電話が鳴る、やたらと忙しい、など日常的に使われているが、もとの語源は「八多羅拍子《やたらびょうし》」。

八多羅拍子とは、この2拍子や4拍子が基本の雅楽のなかで、2拍子と3拍子が繰り返される特殊なリズムのこと。通常よりも取りづらいリズムであるため、無秩序な演奏に聞こえる。

このことから、ペースが乱され、わけもわからず混乱したときなどに「やたら」が使われるようになった。

普段何気なく使っている言葉にも、深い歴史が刻まれているのである。

5章

「本わさび使用」と「本わさび入り」、よりツーンとくるのはどっち？

——見比べてみると、ここまでハッキリ！　予想を超えてくる18項

あなたの腕時計はどっち？　時計の文字盤には2種類ある！

ローマ数字で４を表わすと普通は「Ⅳ」だが、この写真の時計は……。

腕時計や置き時計には、文字盤がローマ数字で表示されているものがある。通常、ローマ数字の4を表わすときは、ⅤからⅠを引いたことを表現したⅣを使うのが一般的である。しかし、一部では、ⅢにⅠを加えた「Ⅲ」という記号を盤面に用いている時計が存在する。

4という意味はわかるが、なぜ一般的には見ない記号が使われているのか。

その由来は14世紀のヨーロッパにまでさかのぼる。時のフランス国王シャルル5世が宮廷の塔時計をつくらせたときのこと。時計の文字盤にあるⅣの数字を見た国王はいきなり怒り出した。シャルル5世の称号であるⅤからⅠを引いた形であるゆえ、Ⅳは不吉だというのである。そこで国王は、Ⅳの代わりに、ⅢにⅠを足したⅢの表記に変えるよう命じたという。以降、フランスの時計の文字盤には、ⅣではなくⅢが表示されるようになった。

そしてこのデザインは、フランスの一時だけの話に留まらなかった。のちに時計業界のなかで、ⅢがⅣよりもデザイン性に優れているという見方がされるようになった。時計メーカーによると、時計業界ではこの表示が慣例となっており、海外や国内問わず、さまざまなメーカーがⅢの数字を使った時計を今でも生産しているという。

たまごは「卵」か、それとも「玉子」か!?

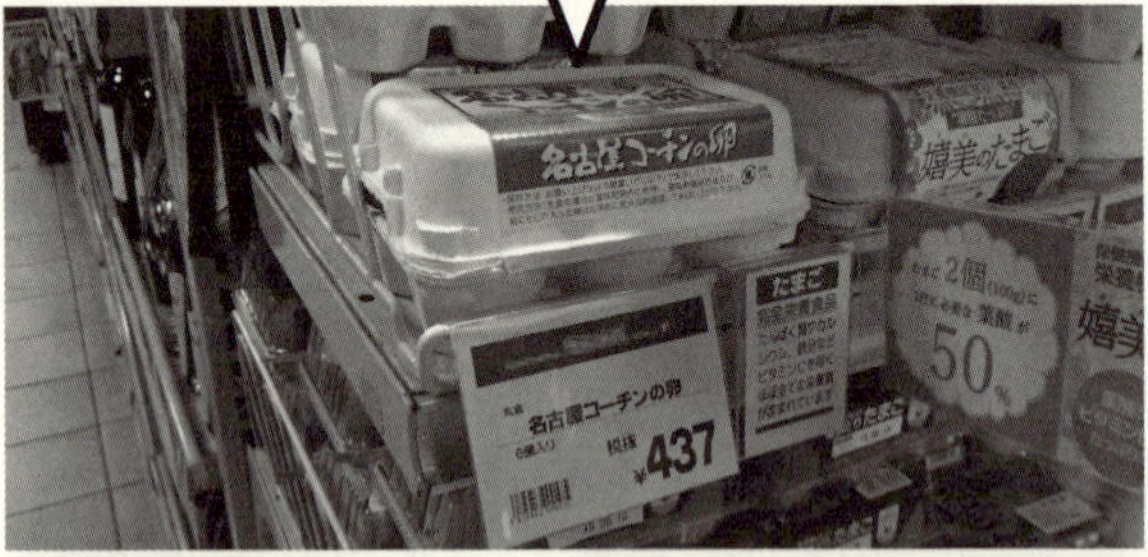

「たまご」を漢字で書くときに「卵」と「玉子」、どちらが正解なのだろうか。

辞書で「たまご」を引くと、「卵」と記されているが、スーパーの売り場やチラシでは「玉子」という表記も見かける。卵という字は、「卵を産む」など生物学的な意味で使われることが多い。一方、玉子という字は、「玉子焼き」「出汁《だし》巻き玉子」というように料理の食材を表現する場合に用いられる傾向がある。

たまごという言葉の歴史をたどると、この使い分けがどのように生まれたのかわかる。卵という漢字が「たまご」と読まれるようになったのは、室町時代以降のこと。それ以前は「かいご」と読まれていたが、蚕《かいこ》と区別するためにこの呼び名が生まれた。

こうして生まれた「たまご」という音に、「玉子」という漢字が当てられたのは江戸時代。1643年に出された『料理物語』という料理書に、この表記が使われたのがはじまりと考えられている。だから現在も料理で使われる「たまご」は、「玉子」と書かれることが多いのだ。この理屈に従えば、スーパーで売られているたまごは、もちろん食用なので、すべて「玉子」と表記されるはずだが、実際には「卵」も見かける。さらに料理のなかでも「卵かけごはん」など、火が通っていないものは「卵」表記の場合もある。結局のところ、明確な区別がなされているわけではない。

「そば・うどん」が正しいのか「うどん・そば」が邪道なのか

大阪の京橋駅（上）と東京の池袋駅（下）にある立ち食いそば屋。うどんとそばの並び順が逆になっている。

混雑する通勤路線はさておき、鉄道駅のホームといえば、立ち食いそば屋があるのが特徴だ。そば屋といいながらもうどんが置いてあり、幅広い需要に対応している。

だが関東と関西の駅では、少し違っている。

店舗の看板や暖簾《のれん》をよく見ると、関東では「そば・うどん」という並びであるのに対し、関西では「うどん・そば」と、うどんを冒頭に持ってきている。うどんとそばと両方置いているが、大きく扱っている品目が違うのだ。

これは関東と関西の食文化の違いに起因している。関東は江戸時代からそば文化が発展しているのに対し、関西は原料となる小麦が豊富だったことから、うどんが主流。つまり看板や暖簾の並びで前になっている品目は、より売れるものというわけだ。

東西の麺類の文化では、つゆの濃さが違うこともまた有名だが、じつは関東と関西ではメニューも異なる。関東で「きつね」を指すのは、油揚げが乗ったきつねそばときつねうどんだが、関西で「きつね」といえば、油揚げが乗ったうどんだけを指す。油揚げがのったそばは「たぬき」になる。

では関東でいうところの、天かすがのった「たぬき」は、どうなるのかといえば、関西ではとくに名前がない。なぜなら、基本的に天かすが入れ放題だからである。

最近見かける「Made in P.R.C.」ってどこのもの?

日本の店頭には「Made in Japan」以外の商品も多く並んでいる。そのなかでも、最近は「Made in P.R.C.」と書かれた商品を見かけるようになったが、「P.R.C.」がどの国を指すかご存じだろうか。聞き慣れない名前のため、あまり有名でない小さな国なのかと思いきや、なんと広大な領土と多くの国民を擁《よう》する中国のことである。なぜ一般に使われる「Made in China」ではなく、「P.R.C.」と表記されているのだろうか。

一説によると、2008年に起きた毒入りギョウザ事件がきっかけだという。事件後、国内で中国産商品に対する信頼が揺らいだため、中国産商品の売り上げが落ちてしまった。その対策として一部の企業が、中国製品であることを目立たなくするために「Made in P.R.C.」という表示を使い始めたという。

日本ではなじみがないが、この「P.R.C.」とは中華人民共和国の英文での正式名称「People's Republic of China」の頭文字をとった略称である。アメリカの正式名称「United States of America」を省略して「USA」とするのと同じ表記方法だ。原産国を偽っているわけではない。原産国は消費者にとって商品を選ぶ際の大事な基準だ。大切な情報源である表示を正しく理解して商品を選べるよう、原産国の表示に限らず幅広い知識をつけておきたいものだ。

JRは「鉄道」ではなかった!

東日本旅客鉃道株式会社

西日本旅客鉃道株式会社

東海旅客鉃道株式会社

北海道旅客鉃道株式会社

九州旅客鉃道株式会社

四国旅客鉄道株式会社

JR各社のロゴ一覧。鉄の字が「鉃」になっているが、なぜかJR四国だけは、「鉄」のままである。

日本全国を網羅《もうら》していた日本国有鉄道がＪＲ各社に分割民営化されたのは１９８７年。それ以降、ＪＲ東日本、西日本、北海道、東海、四国、九州の地方ごとの６つの会社に、日本貨物を加えた全7社で運営している。

６つの鉄道会社の正式な名称は「東日本旅客鉄道株式会社」のように、はじめに地方名がつく形に統一されている。日本貨物は「日本貨物鉄道株式会社」だ。ここで注目したいのは鉄道の鉄という字。よく見ると、金偏に「失」ではなく「矢」である。

常用漢字ではないが、それでもあえて「鉄」が採用されているのには理由がある。それは「鉄」を左右に分解したとき「金を失う」となり、事業をするうえでなんとも縁起が悪い。日常の文書などでは、便宜上、鉄の字を使っているが、１９８７年の会社設立当時から、ロゴには必ず「鉄」が使われている。

ただこのルール、1社だけ公式の場でも「鉄」の字を使っている会社がある。ＪＲ四国だ。ほかの旧国鉄グループ会社は縁起を担いで「鉄」を使っているのに、「鉄」の字を使っていない。ＪＲ四国によると、「鉄の字を使っているのには理由があったとは思うが、なぜそうしたのか記録がなく、くわしいことはわからない」とのこと。四国はそんな縁起など気にしないということか。

「宮内庁御用達」の看板の謎

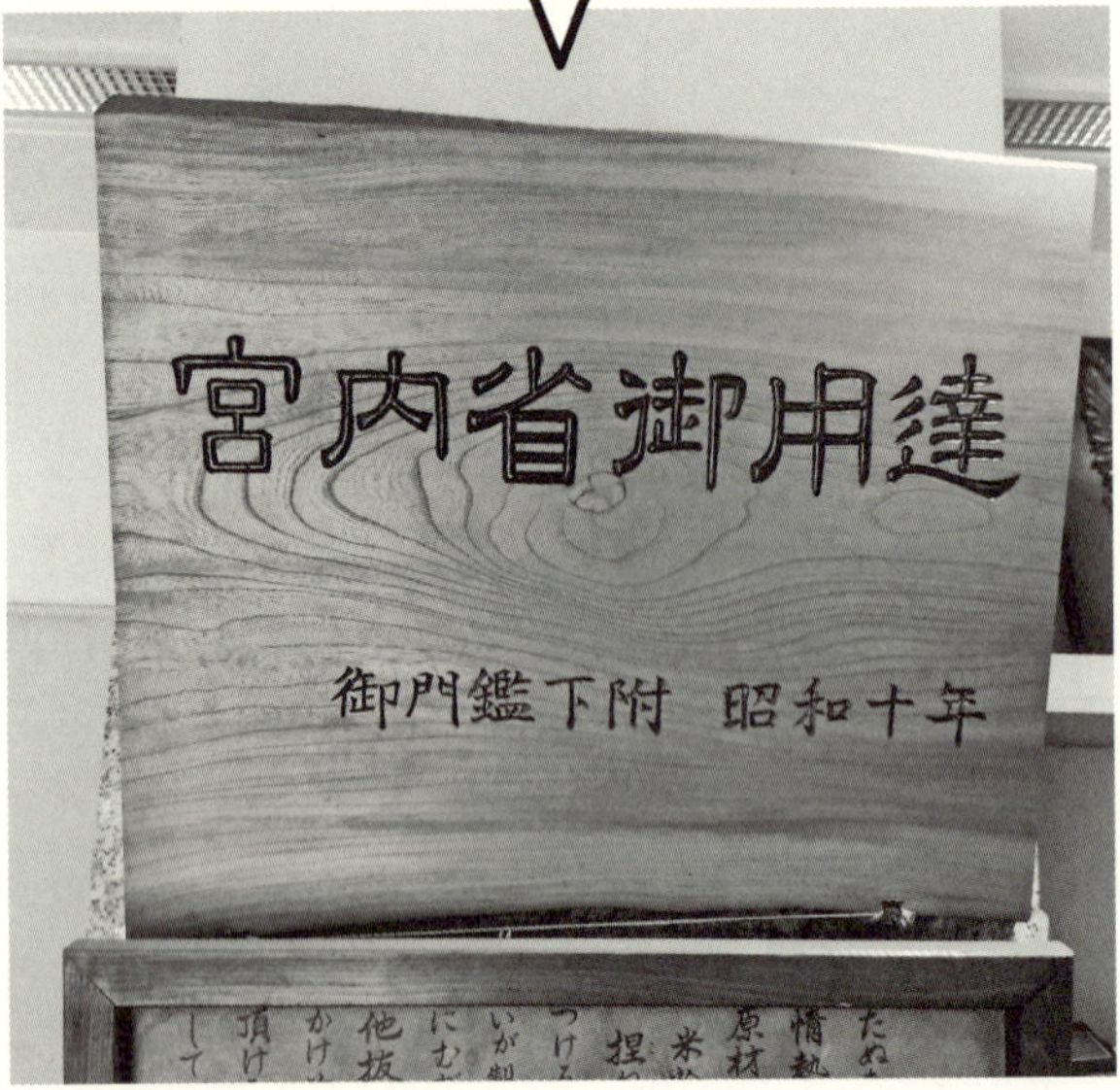

老舗《しにせ》のなかには、「宮内庁（省）御用達《ごようたし》」「皇室御用達」と掲げられた店舗や商品がある。和菓子、洋菓子などの食品から、文房具、カバンなどにいたるまで幅広い。

これらの品物を、本当に宮内庁や皇室の方々は購入しているのだろうか。

じつは本当に「御用達」であるか否か、現在ではわからないというのが実状だ。というのも、御用達とはそもそも１８９１年から導入された制度上の文言である。当時の宮内省（現・宮内庁）が、事業者を選定・審査し、皇室への品物の納入を許可した業者に「宮内省御用達」の商標と皇居への通行証を与えていた。

しかしこの制度は、１９５４年に廃止されている。それでもあえて「御用達」を掲げているのは、かつての慣習にならう形で、宮内庁と取引関係にあったことを世に宣伝しているに過ぎないのだ。実際の御用達制度はなくなっているものの、御用達の宣伝効果はやはり大きい。

しかしなかには、宮内庁と直接の取引関係がなくとも、無償で商品を贈ることで、「御用達」を自称する業者もいるらしい。消費者庁によると、取引実態がないのに「御用達」を名乗っても、違法ではないという。景品表示法においては、品質をごまかすことは違法だが、取引関係の有無は同法の範疇外《はんちゅうがい》だからである。

「本わさび使用」と「本わさび入り」の違いとは?

寿司やそばなど、わさびは私たち日本人の食文化には欠かせない薬味である。

わさびには、大きく分けて2つの品種がある。わさびダイコンという異名を持つ西洋わさびと、日本原産の本わさびだ。

西洋わさびはホースラディッシュという英名を持ち、見た目も色もまったくわさびと違うが、辛み成分が似ている。

一方、本わさびは古くから渓流《けいりゅう》沿いなどに自生していた種類。緑色で表面がゴツゴツしている。その栽培コストから、西洋わさびよりは高価になる。

一般家庭では、チューブ入りわさびを使うことが多いだろう。チューブ入りわさびのうちほとんどの製品は、西洋わさびと本わさびのブレンドだ。

だが、そのパッケージには「本わさび使用」『本わさび入り」などの文字が踊って、本わさびを使っていることが強調されている。

じつはこの表記には、「使用」と「入り」で厳格なルールがある。日本加工わさび協会が決めたルールによると、本わさびを総量の50％以上使用していたら「本わさび使用」で、50％未満であれば「本わさび入り」と定められている。

つまり本わさびが含まれる割合によって、パッケージの表記が変わるのだ。

缶ビールは「350㎖」、缶コーヒーは「180g」……なぜグラム表記なの？

飲料の容器はペットボトルの割合が大きくなっているが、コーヒーのコーナーには缶が多い。一度、缶の「表示」を注意して見てみてほしい。お酒やビールなどのアルコール類と、コーヒーや缶ジュースなどの清涼飲料とでは、表示の仕方が違うのに気づくはずだ。アルコール類は「350㎖」など体積で表示されているのに、缶コーヒーなどは「180g」など質量で表示されていることが多い。

これには計量法が関係している。計量法では、アルコールを含む飲料は体積で、アルコールを含まない飲料は体積または質量で表記すると決められているのである。質量で表記されるのは、体積で表示することができない缶飲料だ。

コーヒー、紅茶、ウーロン茶などは90度以上に加熱して、熱いうちに缶に詰められる。この「ホットパック充電」という作業を経ることで、中身の熱によって容器内が殺菌されるのだ。しかし、液体には温度が下がると体積が小さくなる性質がある。缶に詰められるときの熱い状態と販売されるときの冷めた状態では体積が変わってしまう。表記は中身を詰めるときの体積で記入されるので、表記されている体積と消費者が商品を手に取るときの体積に差が生じてしまう。その差によって消費者を混乱させないために、温度によって変化することがない質量で表示しているわけだ。

「日本国」が つくっているのは 紙幣？　硬貨？

一万円札に書かれている「日本銀行」と、百円玉の「日本国」。同じ意味のように見えて、じつは全然違うのだ。

電子マネーや仮想通貨など、お金にはいろいろな形があるが、基本的に現金となると、お札（＝紙幣）と硬貨（＝貨幣）の2種類である。

財布のなかに入っている紙幣と貨幣を見てほしい。紙幣には「日本銀行」と書かれているのに対し、貨幣には「日本国」としか表示されていないことに気づくだろう。逆に紙幣には「日本国」の表記はない。同じ日本通貨なのに表記が違うのだ。

これまであまり気にすることはなかったかもしれないが、この違いには理由がある。それは紙幣と貨幣の発行元の違いである。

紙幣は日本銀行が発行しているのに対し、貨幣は日本国そのものが発行元である。

明治初期にはどちらも政府が発行していた。しかし1876年の国立銀行条例の改正によって各地に銀行が生まれ、銀行券の発行が認められると、各銀行が独自の銀行券を発行するようになった。

やがて中央銀行として日本銀行が誕生し、1884年には銀行券の発行が日本銀行に一本化される。これが現在の紙幣である。つまり紙幣は、日本銀行が発行する銀行券（正式名称：日本銀行券）であり、発行の権限を持っているのは日銀総裁だ。

一方、貨幣のほうは変わることなく、政府発行のままであるため、両者は表記が違うのである。

発行元が異なる紙幣と貨幣だが、製造している場所も違っている。

紙幣の製造は、東京都港区に本部を置く国立印刷局が担っている。

実際の印刷は、東京都北区の東京工場、神奈川県小田原市の小田原工場、静岡市駿河区の静岡工場、滋賀県彦根市の彦根工場の4か所で行なっている。

一方の貨幣は、大阪に本局を置く造幣局が製造している。

大阪市北区の本局のほか、さいたま市大宮区のさいたま支局、広島市佐伯区の広島支局が製造拠点だ。

貨幣と紙幣は、発行元だけでなく製造場所も別々の場所というわけだ。

Column

童謡『ちょうちょ』は、本当は「ちょうちょ」の歌ではない？

数ある童謡のなかに『ちょうちょ』という歌がある。

「ちょうちょ　ちょうちょ　菜の葉に止まれ」という歌詞が有名だ。

この歌には、じつは2番が存在する。しかも、それは曲のタイトルとなっている蝶ではなく、スズメが主人公だ。2番の歌詞は、「起きよ　起きよ　ねぐらのすずめ　朝日の光の　さし来ぬさきに　ねぐらを出でて　こずえにとまり　遊べよ　すずめ　歌えよ　すずめ」である。『ちょうちょ』という歌のはずが、2番では蝶はまったく登場せず、すずめのことだけである。

この2番は、1881年に新しく付け加えられたものだ。日本で最初にできた音楽の教科書である『小学校唱歌集・初編』に載せるために書かれた新曲だったのである。1番のちょうちょの作詞が野村秋足《あきたり》であるのに対し、2番は稲垣千穎《ちかい》となっており、作詞者も別人。

だからだろうか、蝶がまったく登場しないすずめの歌になったのである。

トンボ鉛筆「Tombow」の「w」はどこから来た?

私たちが子どもの頃から親しんでいるトンボ鉛筆のアルファベット表記を見てみると、「Ｔｏｍｂｏ」ではなく「Ｔｏｍｂｏｗ」であることに気づくだろう。

わざわざＷを足したのには理由がある。「Ｔｏｍｂｏ」の最後のＯを抜くと「Ｔｏｍｂ」となる。これは墓を意味する英単語である。これでは縁起が悪い社名になってしまう。そこでこの「Ｔｏｍｂ」と誤読されにくいよう、あえて無静音の「ｗ」をつけたというわけだ。ところでトンボといえば豊作の象徴といわれる。しかし農業とは関係のない文房具の会社がなぜ、トンボを商品マークに採用したのだろうか。

その由来は、『日本書紀』にある。トンボは秋になると現われるため、古来「秋《あき》津《つ》」と呼ばれていた。『日本書紀』によると、神武天皇が天から日本列島を見下ろしたとき、その形が、トンボが交尾している様子に似ていたため、日本列島を「アキツ（トンボ）の島」「秋津島」と名づけたという。

この神話をもとに「日本を代表する鉛筆に育てる」という意味を込めて、創業者である小川春之助氏がトンボ印を商標に掲げ、１９３９年に社名へ採用したのである。

トンボ鉛筆は現在、アメリカや中国、ドイツに海外拠点を置くグローバル企業となっている。社名の通り、まさに日本を代表する文具メーカーとなった。

新聞の天気図が、夏と冬で「模様替え」をする理由

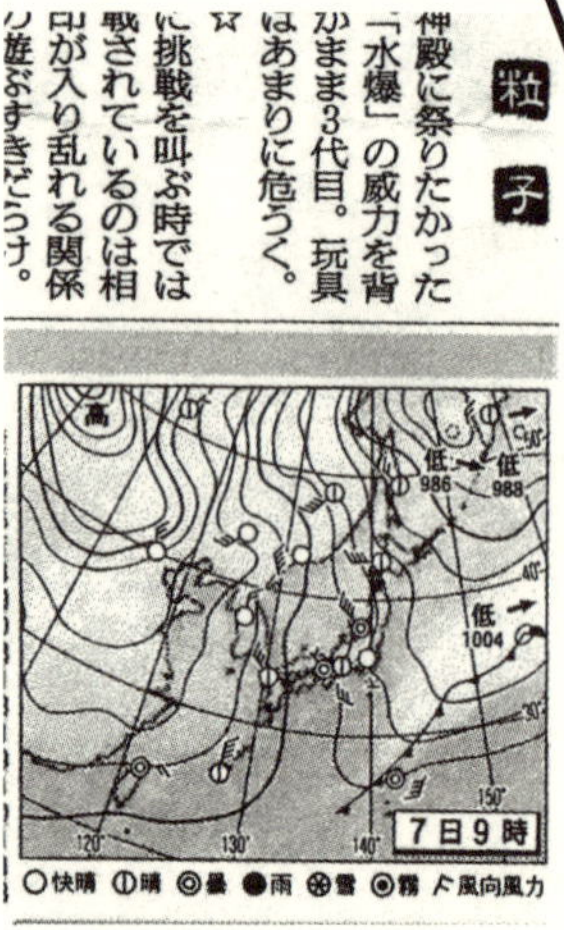

朝日新聞の2016年1月7日の天気図（左）と8月9日の天気図（右）。右のほうが南側の範囲が広い。

新聞に掲載されている天気図が、季節に応じて変化していることに気づいている人はどれくらいいるだろう。読売、朝日、日経などでは、毎年5月1日には「夏バージョン」に、11月1日には「冬バージョン」へと〝模様替え〟しているのだ。季節によって気候が変わる日本では、気圧配置にも季節ごとの特徴があり、注目すべきポイントが違ってくる。そのため、新聞の天気図は季節によって日本列島のレイアウトの位置を変更している。夏と冬、2つの天気図を見比べてみると、夏バージョンの日本列島は北寄りに配置されていることがわかる。その理由は「台風」にある。

夏になると、台風は南の海上で発生して日本に近づいてくる。台風情報をより早い段階から天気図で確認することができるよう、太平洋を広く表示しているのだ。

冬バージョンでは、日本列島はほぼ中央に位置し、中国やシベリアなど、日本の北側の大陸が広くなっている。冬は大陸からの冷たい高気圧が東の低気圧へと流れ込む気圧配置が特徴だ。寒さや雪をもたらす大陸の高気圧の動きをくわしく示すための配置というわけだ。また、模様替えにより天気の凡例の一部も変更され、冬は雪マーク、夏は雷マークが登場する。天候をよりわかりやすく伝えるために、天気図の表示の仕方にもこまやかな工夫がなされているのだ。

「コーヒー牛乳」
「いちご牛乳」……
いまはもう飲めない?

子どもの頃に飲んだ「コーヒー牛乳」や「いちご牛乳」をなつかしみ、あの味をもう一度楽しみたい！　と思って店頭で探してみても、見つけることはできない。

それもそのはず、２００１年から生乳１００パーセント以外の商品名称やパッケージに「牛乳」を使用できなくなったのだ。「コーヒー牛乳」や「いちご牛乳」も当然、コーヒー成分や砂糖など生乳以外のものが入っているため、「牛乳」を名乗ることはできない。そこで、「コーヒー牛乳」は牛乳入りのコーヒーという意味の「カフェオレ」や「コーヒーミルク」に、「いちご牛乳」は「イチゴオレ」や「イチゴミルク」に変えて販売されるようになっている。パッケージの裏面を見ると、成分表示の部分に「乳飲料」と書かれている。生乳や乳成分を主原料とした飲料を意味する語だ。

ここで疑問なのは「ミルク」という言葉である。「牛乳」をそのまま英語にした「ミルク」という表記に規制はないのか。じつは「ミルク」は「牛乳」と違い、生乳１００パーセントでなくても、ある条件をクリアすれば使用することができる。

その条件とは、液体が着色され、牛乳と見間違えないこと、無脂乳固形分４パーセント以上のものであることの２つだ。そのため生乳１００パーセント以外でも、名前に「ミルク」とついた商品にお目にかかることができるというわけだ。

行き先表示のLEDは字が間違っている!?

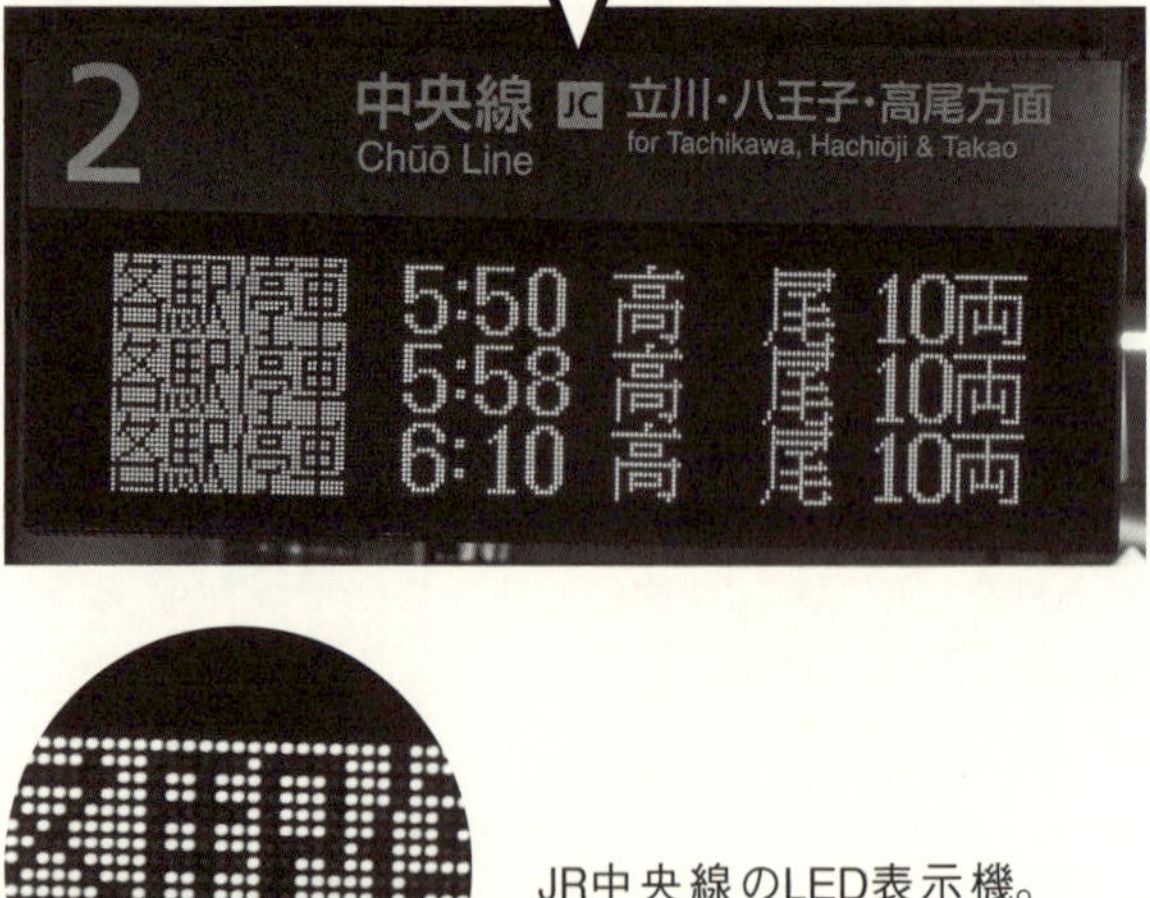

JR中央線のLED表示機。各駅停車の「駅」の字をよく見ると、馬偏の4つの点が3つに省略されている。

駅のホームの案内板やバスの行き先表示は、いまやほとんどがLED表示機だ。LEDの小さなドットを組み合わせて文字の形を表示する。画数の多い複雑な漢字も表示するが、そこにコツがある。

注意してLED表示機を見てみると、文字が簡略化されているものがあるのに気づく。たとえば、「駅」という漢字は、本来4つのはずの馬偏《へん》の点が、LED表示機では3つしかない。ほかにも「豊」という漢字では、「曲」の1番下の線から「豆」の横線までがまとめて横1本の線になっている場合もある。画数の多い漢字を忠実に再現すると、文字が潰《つぶ》れてしまい、かえって見にくくなってしまう。そこで、人がパッと見てその漢字だと認識できるように、意図的に文字を簡略化しているのである。

簡略化についてとくに決まったルールはない。パッと読めるような簡略文字をつくれるか、これはつくり手のセンスによるところが大きい。交通機関で扱われる表示には、ほかにも工夫が凝らされている。停留所名が長い場合は、文字を小さくしたり、線を細くしたりする。また、斜めのはらいが入る漢字はそのまま表示するとバランスが悪いため、見栄《みば》えがいいように修正される。つくり手のセンスが光るLED表示機に、是非注目してみてほしい。

同じ本なのに よく見ると違う バーコードが2つも……

手元にある本の背表紙を見てほしい。値段などが記されている横に、バーコードが縦に2つ並んでいるだろう。日本で販売されるほとんどの商品ではバーコードが1つだが、本にだけは2つある。この2つのバーコードは、それぞれ何の目的でついているのか。日本の出版物は、ほかの商品にも共通してつく国際規格に準じたコードに加え、国内規格のコード「日本図書コード」が印刷されている。そのためにバーコードが2段になっているのだ。上段は国際標準図書番号（ＩＳＢＮ）と呼ばれるコードで、世界中で発行される書籍の流通をスムーズにするため、世界共通で使われている。最初の「９７８」が本であること、次の「４」は日本語で書かれていること、そのあとに続く数字が出版社名や書名を表している。

下段は１９９０年に制定された国内用コードで、書店で分類・陳列しやすいよう数字に意味を持たせている。最初の「１９２」が税抜であること、その次の桁からが販売対象（教養、専門など）、発行形態（単行本、新書など）、内容などを表わす。

この情報は、取次会社では物流のスピードアップとコスト削減に、書店では単品在庫管理と売れ筋管理に活用されている。読者は意識していないが、出版業に関わる人にとっては書籍の戸籍ともいわれるほど欠かせない存在である。

「警察官立寄所」の垂れ幕のあるお店に、警察官は本当に来るのか

コンビニエンスストアや銀行、郵便局、保育施設などの入口で、「警察官立寄所」と書かれた垂れ幕やステッカーを見たことがないだろうか。これらは文字通り、警察官が巡回する場所を表わしている。では具体的にどのような基準で選ばれているのか。

警視庁によれば、表示の明確な設置基準はなく、各地域の警察署長の個別の判断に委《ゆだ》ねられているという。基本的には設置を希望する施設が警察へ申請を行なうが、警戒が必要だと思われる場所に警察側から表示を促《うなが》すこともあれば、銀行や店舗などがまとめて申請する場合もある。ただし一般家庭には認められない。

無許可で表示してもとくに罰則はないが、実際に警察官が巡回に来ることはない。

ここで興味深いのは、申請が受理され警察官立寄所であることを認められたあと、垂れ幕やステッカーの表示は申請者が自分でつくらなければならないことである。

警察から支給されるわけではなく、また色や形、大きさなどの規格もとくに決められているわけではないため、結果、バラバラのデザインになる。

実際、地色が黄緑や黄色、白だったり、また上部に警察の記章が描かれていたりと、バリエーションがあるのはそのためだ。

規格がないために、申請者がメーカーから買ったり、手づくりしたりしているのだ。

ビルの屋上にある「H」はヘリポート、では「R」は?

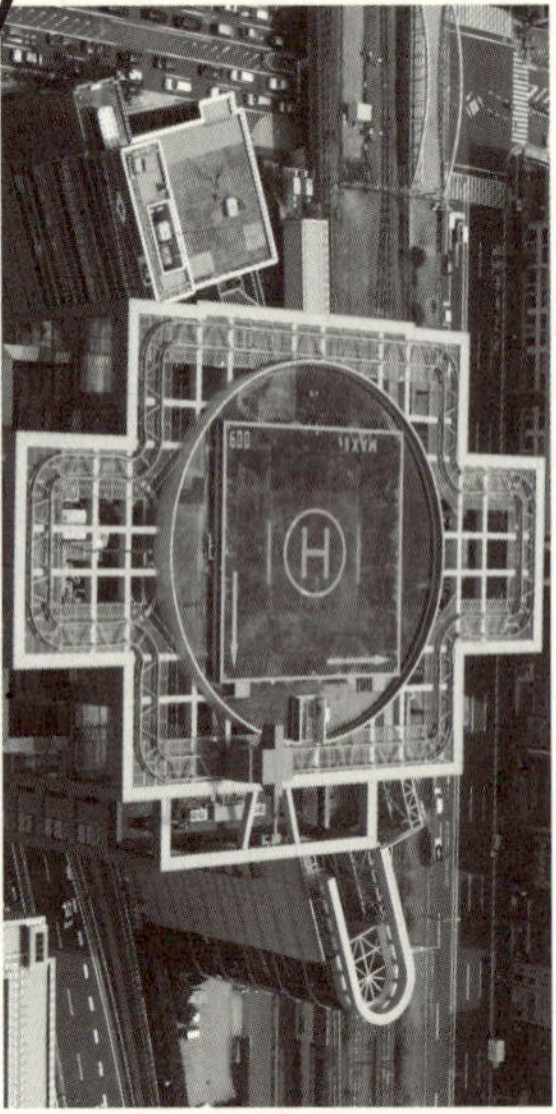

近年では、実際にヘリコプターに乗らなくても、航空写真で上空から地上を〝見下ろす〟ことができる。グーグルマップを使って航空写真を眺めてみると、建物の屋上に「H」または「R」というマークを見つけることができる。この2つのマークに違いはあるのだろうか。まず「H」はヘリポート（Heliport）の頭文字をとったものだ。救助や報道のためにあるが、最近は観光や送迎サービスへの利用も注目されている。ヘリポートとなる建物は機体の総重量5トンに耐えられる強度が必要になる。それに加え、離着陸を妨げるものがない場所であると航空局が認めた場合のみ、建物の屋上に「H」マークを表示することができる。東京にあるヘリポートつきビルは約80棟で、これは世界の都市で最多だという。

「R」はレスキュー（Rescue）の頭文字をとったもので、緊急救助の際のスペースを表わす。ただしヘリポートではないため着陸はできない。建物の強度が不充分、もしくは建物の構造に問題があるからだ。ヘリコプターはホバリング状態で上空に静止する。つまり、「H」はヘリコプターが離着陸できる場所を示し、多様な目的で使われる。一方で「R」は着陸できないが、災害などの緊急時には、ヘリコプターが屋上面の上まで近づいて救助活動をすることができる場所を示している。

皇室のお車は「何ナンバー」？

自動車には必ず、ナンバープレートがある。これは乗用車だけでなく、バスやトラック、バイクでも同様で、持ち主の情報と紐《ひも》づけられている。

車用のナンバーには、登録地名のほか、用途を示す分類番号、同じく用途を示すひらがな、さらに4桁の一連指定番号が振られている。だが、これらの番号がまったく振られていない規格外のナンバープレートが存在している。

それは、皇室専用の御料車《ごりようしや》のナンバーだ。実際に見てみると、通常の車ではナンバープレートが置かれるはずのバンパー下の位置に菊の紋章があり、その右上に丸いプレートが貼られている。そこには皇室の「皇」の字とアラビア数字が書かれており、皇室が所有する○台目の車ということが瞬時にわかるようになっている。

しかしこの皇室専用ナンバーがついた御料車、そう頻繁に見られるものではない。天皇皇后両陛下や国賓《こくひん》などしか基本的には乗車しない。ほかの皇族の方々は、普通のナンバープレートがついた自動車に乗られている。

また、この御料車が走るときも、国会開会式や全国戦没者追悼式などの公務のときだけで、そのほかの外出では品川ナンバーの乗用車だ。この日本一ロイヤルな自動車、運がよければ皇居のある都内や御所への道すがらの場面で見られるかもしれない。

あなたはこれでも スカイツリーと五重塔の 「見分け」がつきますか?

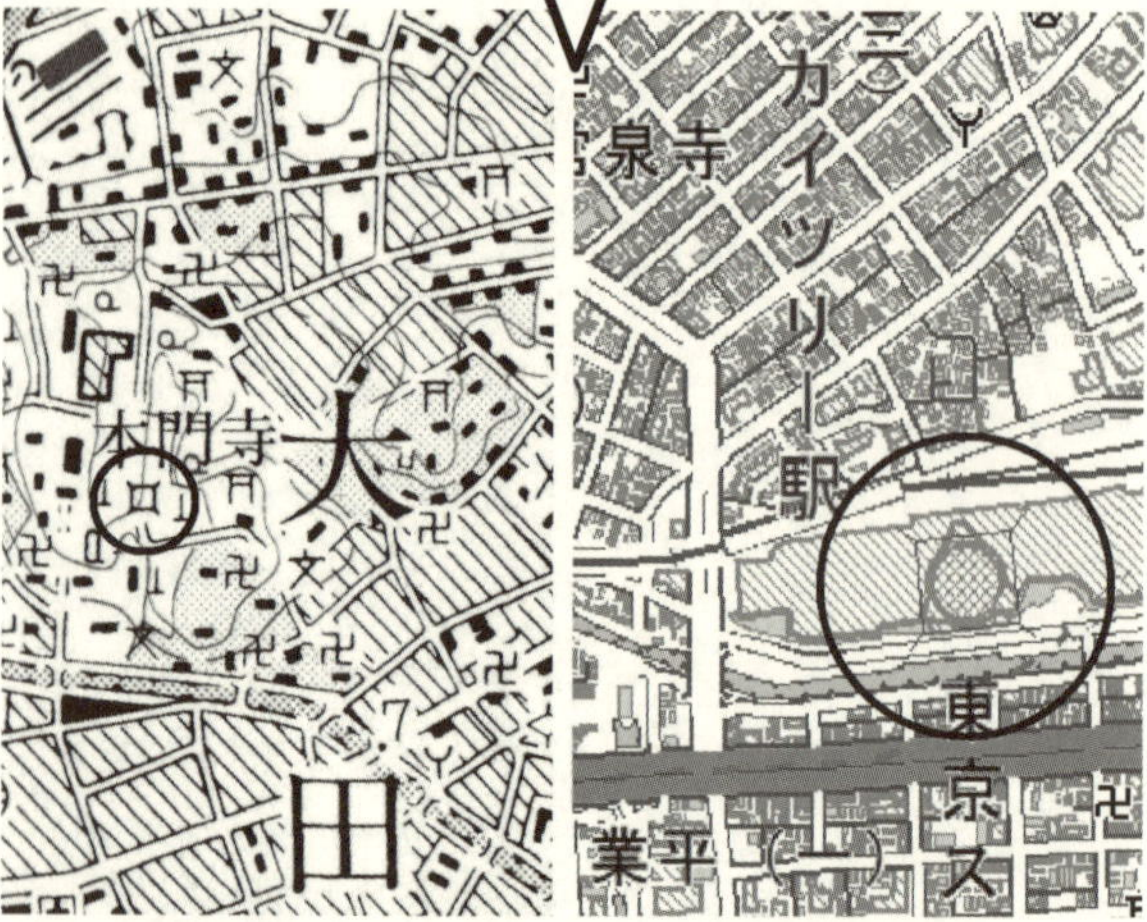

国土地理院発行の50000分の1「東京西南部」（左）と25000分の1「東京首都」（右）。本門寺の五重塔とスカイツリーが同じ地図記号で示されている。

隣の地図を見てほしい。右は東京都墨田区にある東京スカイツリーを示した地図で、左は東京都大田区にある池上本門寺《いけがみほんもんじ》の一帯の地図である。

池上本門寺には立派な五重塔がそびえているが、よく見るとスカイツリーと同じマークだ。江戸時代に建てられた寺院の施設と現代のテレビ放送用の鉄塔が同じマークなのはなんとも違和感があるが、スカイツリーと五重塔を示しているのは、同じ「高塔《こうとう》」という地図記号である。

この高塔とは、周囲より高い建造物を示す意味を持った記号である。

スカイツリーのような大きなものから、歴史の古い木造建築物の五重塔、火の見やぐら、そして給水塔といった小規模なものまで、とくに記号が決められていない建造物はすべて高塔のマークで示されるのだ。

かつて寺院の五重塔は「梵塔《ぼんとう》」というマークで表わされていた。だが、戦後の地図記号整理によって廃止されて、いまでは高塔のマークが使われている。

そしてスカイツリーは、電波塔でありながら観光などの複数の用途で使われているために電波塔の地図記号を使わずに、高い建造物を幅広く表わす高塔のマークになっているのである。

日本地図センターが発行している『地形図の手引き』には、「東京タワーなど観光の目的を兼ねる塔は高塔の記号で表わす」とある。

建てられた時代がまったく違いながら、スカイツリーと五重塔の2つは同じ地図記号になったというわけだ。

Column

スーパーのチラシは、なぜ黄色い紙が多いの？

新聞の朝刊に挟まっているチラシの束には、不動産やアパレルなどのチラシに混じって、スーパーのチラシもある。

カラー印刷でないときは、ほかのチラシと同じような白地の場合もあるが、スーパーでは黄色い紙のチラシが多いことに気がつくだろう。

これには、人間の心理が関係している。

色彩心理学的には、黄色は「好奇心を喚起《かんき》する色」といわれている。紙そのものを黄色くすることで、書かれている内容に興味を持つように促し、集客につなげるというわけだ。

さらに黄色は、工事現場などでも見かけるように、注意を呼びかける色でもある。そのため、ほかのチラシに混じっていても、ついつい目を向けてしまうのだ。

〈主な参考文献〉
『カラー版　色彩の教科書』芳原信（洋泉社）／『お線香の考現学』鳥毛逸平（フレグランスジャーナル社）／朝日新聞／毎日新聞／神戸新聞

〈ウェブサイト〉
Japan Knowledge ／日本放送協会／日本ガイシ株式会社／株式会社宣美／公益財団法人東京動物園協会／ＪＡ全農たまご株式会社

〈取材協力〉
長良川鉄道株式会社／株式会社傳馬屋／アートコーポレーション株式会社／東日本旅客鉄道株式会社／日本ストロー株式会社／キリンビバレッジ株式会社／象印マホービン株式会社

〈写真協力〉
bar Morrlü（http://morrly.red/）……p.64、p.168／世界びっくりカーチェイス２（http://www2.famille.ne.jp/~mst-hide/index.html）……p.90／えむ（Breakover）……p.108／Maksim……p.110／歩王（あるきんぐ）のLet's らGO！（https://ameblo.jp/aru-king/）……p.120／クラブノアすさみ（http://www.susami.club-noah.net/）……p.130／Rsa……p.136／ニッポン デジカメ見て歩き（http://5701machikado.seesaa.net/）……p.142／Nyao148……p.144／公益財団法人ふくしま海洋科学館……p.150／ＪＴクラブジム（http://jtclub.jp）……p.156／新藤修一（https://shindo.exblog.jp）……p.170／Miya.m……p.172／Gryffindor……p174／OpenCage……p.176／讃岐うどんやラーメン食べ歩きと、旅のブログ（https://blog.goo.ne.jp/jf1vxb）……p.186／Paul Keller……p.188／MIKI Yoshihito……p.216

本書は、本文庫のために書き下ろされたものです。

「見《み》るだけ」で楽《たの》しい！
「ビジュアル雑学《ざつがく》」の本《ほん》

著者　博学面白倶楽部（はくがくおもしろくらぶ）
発行者　押鐘太陽
発行所　株式会社三笠書房
〒102-0072 東京都千代田区飯田橋3-3-1
電話　03-5226-5734（営業部）03-5226-5731（編集部）
http://www.mikasashobo.co.jp
印刷　誠宏印刷
製本　ナショナル製本

 ISBN978-4-8379-6874-0 C0130

王様文庫

王様文庫

日本史ミステリー

博学面白倶楽部

「あの大事件・人物」の謎、奇跡、伝説――「まさか」があるから、歴史は面白い！●最後の勘定奉行に疑惑あり！「徳川埋蔵金」のゆくえ●今なお続く奇習が伝える、平家の落人の秘密●あの武将も、あの政略結婚も〝替え玉〟だった……衝撃と驚愕が迫る！

時間を忘れるほど面白い 人間心理のふしぎがわかる本

清田予紀

なぜ私たちは「隅の席」に座りたがるのか――あの顔、その行動、この言葉に〝ホンネ〟があらわれる！　◎「握手」をするだけで、相手がここまでわかる◎よく人に道を尋ねられる人の特徴◎いわゆる「ツンデレ」がモテる理由……「深層心理」が見えてくる本！

いちいち気にしない心が手に入る本

内藤誼人

対人心理学のスペシャリストが教える「何があっても受け流せる」心理学。◎「マイナスの感情」をはびこらせない　◎〝胸を張る〟だけで、こんなに変わる　◎「自分だって捨てたもんじゃない」と思うコツ……etc.「心を変える」方法をマスターできる本！

K30463